"互联网+"应用型院校"十三五"规划会计专业核心课程教材

根据最新会计准则、新会计法、全面营改增税收政策编写

会计电算化

训练题库

会计专业精品教材编委会 编

图书在版编目(CIP)数据

会计电算化训练题库/会计专业精品教材编委会编.
—上海:立信会计出版社,2018.1
ISBN 978-7-5429-5419-0

Ⅰ.①会… Ⅱ.①会… Ⅲ.①会计电算化—资格考试—习题集 Ⅳ.①F232-44

中国版本图书馆 CIP 数据核字(2017)第 313625 号

策划编辑　　赵新民
责任编辑　　赵新民

会计电算化训练题库

出版发行	立信会计出版社			
地　　址	上海市中山西路 2230 号	邮政编码	200235	
电　　话	(021)64411389	传　真	(021)64411325	
网　　址	www.lixinaph.com	电子邮箱	lxaph@sh163.net	
网上书店	www.shlx.net	电　话	(021)64411071	
经　　销	各地新华书店			
印　　刷	常熟市梅李印刷有限公司			
开　　本	787 毫米×1092 毫米	1/16		
印　　张	10.5			
字　　数	213 千字			
版　　次	2018 年 1 月第 1 版			
印　　次	2018 年 1 月第 1 次			
印　　数	1—3100			
书　　号	ISBN 978-7-5429-5419-0/F			
定　　价	32.00 元			

如有印订差错,请与本社联系调换

会计专业精品教材
编委会

主　任　　梁文涛

副主任　　王　敏　　苏　杉　　贾瑞敏
　　　　　　孙竹林　　徐其志

成　员　　郑　丽　　王　宁　　张清亮
　　　　　　董　震　　展丽朦　　李玲玉
　　　　　　王珑珑　　梁文豪　　焦洪旗
　　　　　　孙丕顺　　徐子莲　　张建峰
　　　　　　董晓键　　张　韩　　梁宇飞
　　　　　　董洪萍　　苏　民　　辛　眉

前言

"会计基础""财经法规与会计职业道德""会计电算化"是会计类专业的核心课程。"互联网+"应用型院校"十三五"规划"课证融通"教材《会计基础》《财经法规与会计职业道德》《会计电算化》及其配套训练题库自从出版以来,得到了广大师生的厚爱和认可。近期会计税收政策变化很大,国家对会计人员要求也有调整,所以本套教材内容需要进一步修订以满足广大师生的需求,为此,我们组织相关专家按照最新政策以此为基础编写了这套新的教材。

本套教材有以下特色。

一、严格依据新政策,用心编写新教材

本套教材严格按照最新会计准则、新会计法、全面营改增等最新税收政策编写。在编写过程中,作者态度认真,本着对学生负责的态度,用心编写。在教材中体现应用型院校所要求的专业课程知识体系和能力要求。并且,本教材在重印时会随着会计税收政策的修订而及时修订,并在相关配套资源中体现。本次是根据截至2018年1月1日的最新会计税收政策编写,包括"新会计法"等知识点。

二、理实一体、学做合一

为培养应用型人才,教材在讲解知识的同时,配有大量例题和案例,并且加入点拨指导、特别提示、举例说明、答疑解惑、知识链接、知识拓展、归纳总结等模块,使得全书形成统一协调的知识体系,有利于学生全面、系统地掌握所学知识。教材案例及课后练习题丰富,再加上配套的训练题库,让学生真正做到理实一体、学做合一。

三、网络教学,扫码听课

教材的每个知识点后都附有一组二维码,学生只需要用手机或者iPad扫描二维码,就可以看到相关知识点的视频讲解,让学生不仅能够免费进行视频听课学

习,而且可以充分利用碎片时间,提高学习效率。

学生若通过电脑上网进行视频听课学习,则登录网站 http://www.kaoyaya.com/new/mm/media/booksp/prefix/lls－/id/6658/,或扫描下面的二维码:

或者登录网站 http://i.youku.com/u/UMjAxNzYwMjY4/playlists,或扫描下面的二维码:

《会计电算化训练题库》由梁文涛担任主编,王敏、张韩、王宁、苏杉担任副主编,编委会其他成员参与编写。

在本套教材的编写和出版过程中,得到了立信会计出版社和"考呀呀"网站(网址:http://www.kaoyaya.com)相关工作人员的大力支持与帮助,在此表示特别的感谢。本套教材在撰写过程中,参考、借鉴了大量相关教材和网站信息,在此向其作者表示由衷的感谢。由于作者水平所限,本套教材定会存在不当之处,竭诚欢迎广大读者批评指正。

本套教材的联系邮箱:kuaijicongye2016@163.com;任课教师专用 QQ 群号:437997599(仅供任课教师加入);学生专用 QQ 群号:497863337(仅供学生加入)。

目 录

第一章 会计电算化概述 ··· 1
【本章学习知识体系】 ·· 1
【分节习题必会】 ·· 1
　第一节　会计电算化的概念及其特征 ···························· 1
　第二节　会计软件的配备方式及其功能模块 ······················ 4
　第三节　企业会计信息化工作规范 ······························ 8
【本章习题必练】 ·· 10
【分节习题必会】答案及解析 ······································ 17
【本章习题必练】答案及解析 ······································ 25

第二章 会计软件的运行环境 ····································· 33
【本章学习知识体系】 ·· 33
【分节习题必会】 ·· 33
　第一节　会计软件的硬件环境 ·································· 33
　第二节　会计软件的软件环境 ·································· 37
　第三节　会计软件的网络环境 ·································· 39
　第四节　会计软件的安全 ······································ 41
【本章习题必练】 ·· 44
【分节习题必会】答案及解析 ······································ 52
【本章习题必练】答案及解析 ······································ 62

第三章 会计软件的应用 ··· 70
【本章学习知识体系】 ·· 70
【分节习题必会】 ·· 71
　第一节　会计软件的应用流程 ·································· 71

1

第二节　系统级初始化 72
　　第三节　账务处理模块的应用 75
　　第四节　固定资产管理模块的应用 79
　　第五节　工资管理模块的应用 81
　　第六节　应收管理模块的应用 82
　　第七节　应付管理模块的应用 84
　　第八节　报表管理模块的应用 85
【本章习题必练】 86
【分节习题必会】答案及解析 102
【本章习题必练】答案及解析 118

第四章　电子表格软件在会计中的应用 132
【本章学习知识体系】 132
【分节习题必会】 132
　　第一节　电子表格软件概述 132
　　第二节　数据的输入与编辑 134
　　第三节　公式与函数的应用 137
　　第四节　数据清单及其管理分析 139
【本章习题必练】 141
【分节习题必会】答案及解析 146
【本章习题必练】答案及解析 155

参考文献 159

第一章 会计电算化概述

【本章学习知识体系】

```
              ┌─ 一、会计电算化的概念及其特征 ┬─ 会计电算化的相关概念(★★)
会                                          └─ 会计电算化的特征(★)
计
电            ┌─ 二、会计软件的配备方式及其功能模块 ┬─ 会计软件的配备方式(★★)
算                                                └─ 会计软件的功能模块(★★)
化
概            ┌─ 三、企业会计信息化工作规范 ┬─ 企业软件和服务(★)
述                                        └─ 企业会计信息化(★)
```

【分节习题必会】

第一节 会计电算化的概念及其特征

一、单项选择题

1. 会计电算化简单地说就是(　　)在会计工作中的应用。

   A. 会计理论　　　　　　　　　　B. 会计准则

   C. 会计法规　　　　　　　　　　D. 计算机技术

2. 专用会计核算软件一般是(　　)。

   A. 适用于多数单位使用的会计核算软件

   B. 适应多数行业使用的会计核算软件

   C. 单位购买的商品化软件

1

D. 单位自行开发或委托其他单位开发的会计核算软件

3. 利用信息技术对会计数据进行采集、存储和处理,完成会计核算任务,并提供会计管理、分析与决策相关会计信息的系统是( )系统。

  A. ERP   B. 会计信息

  C. 管理信息   D. 会计电算化

4. 20世纪90年代美国一家IT公司根据当时计算机信息、IT技术发展及企业对供应链管理的需求,预测在今后信息时代企业管理信息系统的发展趋势和即将发生变革,首先提出了( )。

  A. 物料需求计划(MRP)

  B. 客户关系管理(CRM)

  C. 制造资源计划(MRP Ⅱ)

  D. 企业资源计划(ERP)

5. 2003年11月,( )在全国率先实施基于XBRL的上市公司信息披露标准。

  A. 上海证券交易所   B. 深圳证券交易所

  C. 中国工商银行   D. 中国石化股份有限公司

6. 颁布XBRL技术规范系列国家标准和企业会计准则通用分类标准的时间是( )。

  A. 2008年11月   B. 2009年4月

  C. 2010年10月   D. 2010年12月

7. 可扩展标记语言是一种很像超文本标记语言的标记语言,它的设计宗旨是( )数据。

  A. 显示   B. 传输

  C. 处理   D. 导出

8. 下列关于电算化会计核算工作的选项中,仍需由人工完成的会计数据处理环节是( )。

  A. 汇总   B. 计算

  C. 收集   D. 分类

二、多项选择题

1. 下列有关会计电算化和会计信息化关系的表述中,正确的有( )。

  A. 会计电算化是会计信息化的基础工作

  B. 会计电算化是会计信息化的初级阶段

  C. 会计信息化是会计电算化的初级阶段

  D. 会计信息化是会计电算化的基础工作

2. 会计软件是指专门用于(　　)的计算机软件、软件系统及其功能模块。
　　A. 会计核算　　　　　　　　　　　　B. 财务管理
　　C. 审计　　　　　　　　　　　　　　D. 税务处理

3. 企业管理信息系统是包括整个企业生产经营和管理活动的一个复杂系统,该系统通常包括生产管理、(　　)和人事管理等子系统。
　　A. 财务会计　　　　　　　　　　　　B. 物资供应
　　C. 销售管理　　　　　　　　　　　　D. 劳动工资

4. 会计信息系统按照功能和管理层次的高低,可分为(　　)。
　　A. 会计核算系统　　　　　　　　　　B. 会计管理系统
　　C. 会计分析电算化　　　　　　　　　D. 会计决策支持系统

5. ERP可以将企业内部所有资源整合在一起,同时将企业与其外部的供应商、客户等市场要素有机结合,实现对企业(　　)等资源的一体化管理。
　　A. 物资资源　　　　　　　　　　　　B. 人力资源
　　C. 财务资源　　　　　　　　　　　　D. 信息资源

6. ERP核心子系统应包括(　　)。
　　A. 财务管理　　　　　　　　　　　　B. 人力资源
　　C. 分销管理　　　　　　　　　　　　D. 生产管理

7. 下列关于可扩展商业报告语言(XBRL)的说法中,正确的有(　　)。
　　A. 提供更为精确的财务报告与更具可信度和相关性的信息
　　B. 降低数据采集成本,提高数据流转及交换效率
　　C. 主要作用在于将财务和商业数据电子化,促进了财务和商业信息的显示、分析和传递
　　D. 通过定义统一的数据格式标准,规定了企业报告信息的表达方法

8. 下列关于会计电算化特征的表述中,正确的有(　　)。
　　A. 在会计电算化方式下,大大减轻了会计人员的工作负担,提高了工作效率
　　B. 在会计电算化方式下,计算机将根据程序和指令在极短的时间内自动完成会计数据的分类、汇总、计算、传递及报告等工作
　　C. 在会计电算化方式下,内部控制变为计算机控制,内容更加丰富,范围更加广泛,要求更加严格,实施更加有效
　　D. 利用计算机处理会计数据,可以在较短的时间内完成会计数据的分类、汇总、计算等工作,使会计处理流程更为简便,核算结果更为精确

三、判断题

1. 我国会计电算化工作起始于20世纪90年代。　　　　　　　　　　　　(　　)

2. 在会计发展的过程中,以会计信息处理与提供的技术和方式,以及分析与利用会计信息的能力和程序为主的核心始终没有改变,发生变化的主要是会计信息的收集、处理和提供。（　　）

3. 会计电算化将提高会计核算的水平和质量。（　　）

4. 会计电算化是会计信息化的初级阶段,是会计信息化的基础工作。（　　）

5. 决策支持系统是一种辅导人员进行决策的人机会话系统,代替人类进行决策,降低决策风险的系统。（　　）

6. 物料需求计划 MRP、制造资源计划 MRP Ⅱ、企业资源计划 ERP 都是会计软件。（　　）

7. 会计软件系统可以是一个独立的系统,也可以是 ERP 的一个子系统。（　　）

8. 我国 XBRL 的发展始于会计领域。（　　）

9. 2010 年 10 月 19 日,国家标准化管理委员会和财政部颁布了可扩展商业报告语言(XBRL)技术规范系列国家标准和企业会计准则通用分类标准。（　　）

10. 适应变化的会计准则制度的要求不是企业应用 XBRL 的优势。（　　）

11. 由于会计核算自动化、集中化的特点,计算机将根据程序和指令在极短的时间内自动完成会计数据的分类、汇总、计算、传递及报告等工作。（　　）

12. 在会计电算化环境下,各项工作都由计算机自动完成。（　　）

第二节　会计软件的配备方式及其功能模块

一、单项选择题

1. 会计软件的配备方式包括(　　)。
   A. 购买　　　　　　　　　　　B. 定制开发
   C. 购买与开发相结合　　　　　D. 以上选项全对

2. 购买通用商品化会计软件是快速实现会计电算化的有效方式,主要适应的单位类型是(　　)。
   A. 大型企业集团
   B. 刚起步的小微企业
   C. 有较多特殊业务的中小企业
   D. 没有或较少特殊业务的企事业单位

3. 目前采用委托外单位开发会计软件方式的企业(　　)。
   A. 很多　　　　　　　　　　　B. 很少
   C. 有一些　　　　　　　　　　D. 越来越多

4. 企业与外单位联合开发的会计软件,外单位负责(　　)。

A. 系统分析 B. 系统设计和程序开发
C. 系统的重大修改 D. 日常维护工作

5. 会计核算软件的功能模块是（　　）。

   A. 一种文件

   B. 一种打印功能

   C. 一种计算功能

   D. 一种有会计数据输入、处理、输出功能的软件程序

6. 会计核算软件各功能模块是通过（　　）模块以记账凭证为接口连接起来的。

   A. 账务处理

   B. 工资核算

   C. 成本核算

   D. 报表生成与汇总

7. 下列不属于账务处理模块功能的是（　　）。

   A. 凭证的输入和处理 B. 账簿查询
   C. 结账 D. 对企业财务活动进行分析

8. 应收、应付管理模块以（　　）等原始单据为依据，记录销售、采购业务所形成的往来款项，处理应收、应付款项的收回、支付和转账，进行账龄分析和坏账估计及冲销等功能。

   A. 发票 B. 费用单据
   C. 其他应收、应付单据 D. 以上选项都是

9. 报表管理模块与其他模块相连，可以根据会计核算的数据，生成各种（　　），并根据报表数据分析报表，以及生成各种分析图等。

   A. 内部报表 B. 外部报表
   C. 汇总报表 D. 以上选项全是

10. 根据实际需要分别定义为不同类型的责任中心，然后确立各责任中心的预算方案，实现对各个责任中心的控制、分析和绩效考核，是（　　）模块的功能。

    A. 财务分析 B. 预算管理
    C. 项目管理 D. 成本核算

11. 存货核算模块将应计入外购入库成本的运费、装卸费等采购费用和应计入委托加工入库成本的加工费传递到（　　）模块。

    A. 账务处理 B. 应收管理
    C. 应付管理 D. 成本管理

二、多项选择题

1. 通用会计核算软件一般是指（　　）。

A. 软件公司为会计工作而专门设计开发

B. 一种应用软件

C. 为某单位使用而开发

D. 以产品形式投入市场

2. 下列关于自行开发会计软件的说法中,正确的有(　　)。

A. 针对性和适用性强

B. 系统开发周期短、成本低

C. 能充分考虑自身生产经营特点和管理要求

D. 当会计软件出现问题或需要改进时,企业能够及时高效地纠错和调整

3. 与外部单位联合开发是企业配备会计软件的一种方式,下列说法中,正确的有(　　)。

A. 此种方式是指企业联合外部单位进行软件开发

B. 日常维护工作由本单位财务部门负责

C. 对系统的重大修改由本单位网络信息部门负责

D. 由本单位财务部门和网络信息部门负责系统设计和程序开发工作

4. 目前许多商品化的账务处理模块还包括(　　)等辅助核算的功能模块。

A. 部门核算   B. 个人往来(职员)

C. 往来单位   D. 项目核算

5. 固定资产管理模块主要是以(　　)为基础,实现固定资产的会计核算、折旧计提和分配、设备管理等功能。

A. 固定资产卡片

B. 固定资产明细账

C. 固定资产总账

D. 固定资产折旧费用表

6. 应付管理模块主要与(　　)等模块进行数据传递。

A. 账务处理   B. 固定资产管理

C. 应收管理   D. 存货核算管理

7. 成本核算模块中,计入生产成本的间接费用和其他费用,可以来自于(　　)模块。

A. 账务处理

B. 固定资产管理

C. 工资管理

D. 采购

8. 在网络环境下,很多报表管理模块同时提供了(　　)等功能。

A. 数据传输   B. 检索查询

C. 远程报表的汇总   D. 分析处理

9. 通过财务分析模块,可以生成分析和评价企业(　　)的各种信息,为决策提供正确依据。
   A. 现金流量　　　　　　　　　　B. 经营成果
   C. 所有者权益变动　　　　　　　D. 财务状况
10. 项目管理主要包括(　　)以及项目自身的成本核算等功能。
    A. 项目立项　　　　　　　　　　B. 项目计划
    C. 跟踪与控制　　　　　　　　　D. 终止的业务处理
11. 下列关于各模块之间的数据关系说法中,正确的有(　　)。
    A. 工资管理模块为成本管理模块提供人工费用资料
    B. 存货核算模块可以将存货入库的记账凭证传递到账务处理程序
    C. 采购发票经过应收管理模块审核,进行采购结算,生成记账凭证传递到账务处理模块
    D. 项目管理模块中发生和项目业务相关的收款业务时,可以在应收发票、收款单或者退款单上输入相应的信息,并生成相应的业务凭证传递至账务处理模块

三、判断题

1. 通用会计核算软件一般是指由专业软件公司研制,公开在市场上销售,能适应不同行业、不同单位会计核算与管理基本需要的会计核算软件。(　　)
2. 通用会计软件性能稳定,质量可靠,运行效率高,能够满足企业的全部需求。(　　)
3. 自行开发系统的实用性差,常常不适用于企业的业务处理流程。(　　)
4. 开发一个成熟的会计软件不仅周期很长,而且费用高,所以没有特殊需求的企业不必考虑自行开发软件。(　　)
5. 委托外部单位开发软件的针对性较强,降低了用户的使用难度,但其费用较大,开发周期较长。(　　)
6. 与外单位联合开发会计软件方式是目前很多大型、集团性企业采用较多的方式。为了降低费用、缩短开发周期,合作单位通常选择具有成熟软件产品的软件公司,在其原有产品基础上进行二次开发。(　　)
7. 会计软件必须以账务处理为核心,因而各功能模块不能相对独立。(　　)
8. 完整的会计软件系统不一定包含有账务处理模块,但必须有报表处理功能。(　　)
9. 会计核算软件不包括报表处理功能模块。(　　)
10. 工资管理模块是进行工资核算和管理的模块,该模块以人力资源管理提供的员工及其工资的基本数据为依据。(　　)
11. 预算管理模块可以实现对各子公司预算的汇总、对集团公司及子公司预算的

查询,但不具有数据分析功能。（　　）

第三节　企业会计信息化工作规范

一、单项选择题

1. 《企业会计信息化工作规范》于（　　）起施行。
   A. 2013年12月6日　　　　　　　　B. 2014年1月6日
   C. 2014年2月6日　　　　　　　　D. 2014年11月6日

2. 企业会计信息化工作的阶段不包括（　　）。
   A. 会计核算信息化　　　　　　　　B. 数据处理信息化
   C. 财务管理信息化　　　　　　　　D. 决策支持信息化

3. 下列选项中,不满足会计档案管理要求的是（　　）。
   A. 备份数据应妥善保管
   B. 备份数据的存储介质应安全、可靠
   C. 定期将硬盘数据备份到系统以外的存储介质上
   D. 系统中的每一个用户操作完毕都应进行数据备份

4. 软件供应商提供的会计软件不符合《企业会计信息化工作规范》的,财政部可以约谈（　　）,责令限期改正。
   A. 软件使用主要负责人　　　　　　B. 软件使用技术人员
   C. 供应商主要负责人　　　　　　　D. 供应商技术人员

二、多项选择题

1. 会计软件应当提供不可逆的记账功能,确保对同类已记账凭证的连续编号,不得提供对已记账凭证的删除和插入功能,不得提供对已记账凭证（　　）的修改功能。
   A. 凭证日期　　B. 金额　　C. 科目　　D. 操作人

2. 大型企业、企业集团开展会计信息化工作,应当（　　）,实现各系统的有机整合,消除信息孤岛。
   A. 注重整体规划　　　　　　　　　B. 统一技术标准
   C. 统一编码规则　　　　　　　　　D. 统一系统参数

3. 以远程访问、云计算等方式提供会计软件的供应商,在本厂商不能维持服务情况下应（　　）。
   A. 保障企业电子会计资料安全
   B. 由用户自行备份会计资料
   C. 制定保障企业会计工作持续进行的预案

D. 由企业申请破产

4. 下列关于会计软件供应商服务规范的说法中,正确的有(　　)。

A. 对于因供应商原因造成客户会计资料泄露、损毁的,客户可以要求供应商承担赔偿责任

B. 软件供应商应当提供符合国家统一标准的数据接口供客户导出电子会计资料,不得以任何理由拒绝客户导出电子会计资料的请求

C. 以远程访问、云计算等方式提供会计软件的供应商,应当做好本厂商不能维持服务情况下,保障企业电子会计资料安全以及企业会计工作持续进行的预案,并在相关服务合同中与客户就该预案作出约定

D. 会计软件存在影响客户按照国家统一会计准则制度进行会计核算问题的,软件供应商应当为客户免费提供更正程序

5. 下列选项中,属于企业会计信息化建设规定的有(　　)。

A. 企业应当指定专门机构或者岗位负责会计信息化工作。未设置会计机构和配备会计人员的企业,由其委托的代理记账机构开展会计信息化工作

B. 企业开展会计信息化工作,应当注重信息系统与经营环境的契合,通过信息化推动管理模式、组织架构、业务流程的优化与革新,建立健全适应信息化工作环境的制度体系

C. 定制开发包括企业自行开发、委托外部单位开发、企业与外部单位联合开发

D. 企业应当遵循企业内部控制规范体系要求,加强对会计信息系统规划、设计、开发、运行、维护全过程的控制,将控制过程和控制规则融入会计信息系统,实现对违反控制规则情况的自动防范和监控,提高内部控制水平

6. 下列关于会计信息化监督管理的说法中,正确的有(　　)。

A. 企业使用会计软件不符合《企业会计信息化工作规范》要求的,由财政部门责令限期改正,在规定期限内不改的,财政部门应当予以公示,并将有关情况通报同级相关部门或其派出机构

B. 财政部采取组织同行评议,向用户企业征求意见等方式对软件供应商提供的会计软件遵循《企业会计信息化工作规范》的情况进行检查

C. 省、自治区、直辖市人民政府财政部门发现会计软件不符合《企业会计信息化工作规范》的,应当将有关情况报财政部

D. 软件供应商提供的会计软件不符合《企业会计信息化工作规范》的,财政部门可以约谈该供应商主要负责人,责令限期改正

三、判断题

1. 企业获得的需要外部单位或者个人证明的原始凭证和其他会计资料,可以不输出纸面资料。(　　)

2. 企业进行会计信息系统的建设和改造,应当安排负责会计信息化工作的专门机构或者岗位参与,充分考虑会计信息系统的数据需求。   (   )

【本章习题必练】

一、单项选择题

1. (   )负责管理全国的会计电算化工作。
   A. 财政部   B. 工商局
   C. 市财政局   D. 税务机关

2. 下列叙述中,错误的是(   )。
   A. 会计电算化有狭义和广义之分
   B. 会计电算化是会计信息化的高级阶段
   C. 相对于会计电算化而言,会计信息化是一次质的飞越
   D. 会计信息系统是企业管理信息系统的一个重要的子系统

3. 会计信息系统分为手工会计信息系统、传统自动化会计信息系统和现代化会计信息系统的依据是(   )。
   A. 经营管理方式
   B. 信息技术的影响程度
   C. 功能和管理层次的高低
   D. 经济运行方式

4. ERP 是(   )的简称。
   A. 管理信息系统   B. 企业资源计划
   C. 制造资源规划   D. 专家系统

5. 我国的 XBRL 发展始于(   )。
   A. 证券领域   B. 国际贸易领域
   C. 金融领域   D. 银行领域

6. 在会计电算化方式下,会计软件运用适当的处理程序和逻辑控制,能够避免在手工会计处理方式下出现的一些错误,体现的是会计电算化的(   )特征。
   A. 人机结合
   B. 内部控制多样化
   C. 数据处理及时准确
   D. 会计核算软件自动化、集中化

7. 在会计电算化方式下,与会计工作相关的内部控制制度也将发生明显的变化,内部控制由过去的纯粹人工控制发展成为(   )的控制形式。

A. 计算机控制 B. 人工与计算机相结合
C. 主管部门控制 D. 单位主管财务的领导控制

8. 通用商品化会计软件的优点之一,是软件的( )由软件公司负责。
   A. 系统初始化 B. 维护和升级
   C. 实施方案制定 D. 免费维护

9. 企业配备会计软件的方式中,( )是目前应用最普遍,也是企业迅速实现会计电算化的有效方式。
   A. 购买通用会计软件
   B. 自行开发会计软件
   C. 委托外部单位开发会计软件
   D. 企业与外部单位联合开发

10. 通用会计软件与自行开发会计软件的最大区别在于( )。
    A. 是否通用 B. 是否准确
    C. 是否迅速 D. 是否安全

11. 会计软件系统一般以账务处理为中心并按( )来划分子系统。
    A. 部门 B. 机构
    C. 功能 D. 规模

12. 一个完整的会计软件系统必定包括( )模块,其他功能模块直接或间接与它进行联系。
    A. 报表 B. 固定资产
    C. 工资 D. 账务处理

13. ( )模块是会计核算软件的核心模块。
    A. 账务处理 B. 固定资产管理
    C. 成本核算 D. 报表管理

14. 在会计软件中,( )模块与账务处理模块之间不存在凭证传递关系。
    A. 工资管理 B. 固定资产管理
    C. 应收管理 D. 财务分析

15. 成本管理模块的成本核算完成后,要将结转制造费用、结转辅助生产成本、结转盘点损失和结转共享产品耗用的记账凭证数据传递到( )模块。
    A. 账务处理 B. 报表管理
    C. 存货核算 D. 项目管理

16. 存货管理模块与( )模块没有勾稽关系。
    A. 账务处理 B. 固定资产管理
    C. 成本管理 D. 应付管理

17. 以供应链产生的入库单、出库单、采购发票等核算单据为依据,进行成本计算和费用分配的是( )模块。

  A. 应付管理   B. 项目核算

  C. 存货管理   D. 应收管理

 18. 领导查询模块可以按照领导的要求从各模块中提取有用的信息并加以处理，以最直观的( )显示，使得管理人员通过该模块及时掌握企业信息。

  A. 文本和表格   B. 表格和图形

  C. 数字和图形   D. 文本和数字

 19. 下列关于会计信息化建设的说法中，错误的是( )。

  A. 应当重视硬件建设

  B. 应当合理确定建设内容

  C. 应当注重信息系统与经营环境的契合

  D. 应当加强组织领导和人才培养

 20. 财政部采取组织( )、向用户企业征求意见等方式对软件供应商提供的会计软件遵循《企业会计信息化工作规范》的情况进行检查。

  A. 专家评议   B. 同行评议

  C. 上级领导评审   D. 软件供应商征求意见

 21. 企业使用会计软件不符合( )要求的，由财政部门责令限期改正。限期不改的，财政部门应当予以公示，并将有关情况通报同级相关部门或其派出机构。

  A.《会计电算化工作规范》   B.《企业会计信息化工作规范》

  C.《企业会计信息化规范》   D.《会计电算化管理办法》

 22. 企业实现会计电算化以后，提高了工作效率，会计人员可以有更多的时间和精力( )。

  A. 对账、查账   B. 打印账簿

  C. 进行计划管理   D. 进行财务分析，参与经济管理

二、多项选择题

 1. 广义的会计电算化是指与实现电算化有关的所有工作，包括会计软件的开发应用及( )。

  A. 会计软件市场的培育

  B. 会计电算化制度建设

  C. 会计电算化人才的培训

  D. 会计电算化的宏观规划和管理

 2. 会计软件按硬件结构划分，可分为( )。

  A. 单用户会计核算软件   B. 多用户会计核算软件

  C. 专用会计核算软件   D. 通用会计核算软件

3. 下列表述中，正确的有（   ）。
   A. 会计电算化是指以电子计算机为主体的电子信息技术在会计工作中的应用
   B. 会计信息化是指企业利用计算机、网络通信等现代信息技术手段开展会计核算，以及利用上述技术手段将会计核算与其他经营管理活动有机结合的过程
   C. 会计信息系统是指利用信息技术，将内部资源和外部资源进行有机结合，实现四流合一的系统
   D. 会计软件包括一组指挥计算机进行会计核算与管理工作的程序、存储数据以及有关资料

4. 下列关于会计信息系统与ERP系统关系的表述中，正确的有（   ）。
   A. ERP系统包括会计信息系统
   B. 会计信息系统包括ERP系统
   C. ERP系统和会计信息系统互不相关
   D. ERP系统和会计信息系统属于相同的管理信息系统

5. ERP系统中的会计信息系统包括（   ）子系统。
   A. 账务处理   B. 管理会计
   C. 财务会计   D. 应收应付核算

6. 在功能层次上，ERP除了最核心的财务、分销和生产管理等管理功能以外，还集成了（   ）等其他管理功能。
   A. 质量管理   B. 工资管理
   C. 决策支持   D. 人力资源

7. 企业应用XBRL的优势主要有（   ）。
   A. 能够帮助数据使用者更快捷方便地调用、读取和分析数据
   B. 能够使财务数据具有更广泛的可比性
   C. 能够增加资料在未来的可读性和可维护性
   D. 能够适应变化的会计准则制度的要求

8. 自行开发会计软件方式一般适用于（   ）的大型企业使用。
   A. 业务量大   B. 技术力量雄厚
   C. 特殊业务较多   D. 业务流程较复杂

9. 下列关于委托外部单位开发方式配备会计软件的说法中，正确的有（   ）。
   A. 这种配备方式系统开发要求高、周期长、成本高
   B. 这种配备方式下的会计核算软件的针对性较强，降低了用户的使用难度
   C. 这种配备方式开发人员需要花费大量的时间了解业务流程和客户需求，会延长开发时间
   D. 这种配备方式下外部单位的服务与维护承诺不易做好

10. 下列选项中，属于会计核算软件功能模块的有（   ）模块。

A. 会计管理 B. 账务处理
C. 财务管理 D. 报表管理

11. 下列(　　)模块既接受其他模块提供的数据,又向其他模块提供数据。
A. 账务处理 B. 工资管理
C. 固定资产管理 D. 成本管理

12. 工资管理模块以人力资源管理提供的员工及其工资的基本数据为依据进行(　　),以及该模块与其他模块的数据接口管理。
A. 工资分析 B. 工资查询
C. 工资备份 D. 工资打印输出

13. 下列关于报表管理模块的表述中,正确的有(　　)。
A. 提供对外报表的编制、生成、浏览、打印、分析功能
B. 提供对内报表的编制、生成、浏览、打印、分析功能
C. 运用各种专门的分析方法,完成对企业财务活动的分析
D. 在网络环境下,很多报表管理模块同时提供远程报表的汇总功能

14. 利用预算管理模块,可以编制的预算形式包括(　　)。
A. 全面预算 B. 非全面预算
C. 滚动预算 D. 零基预算

15. 决策支持模块利用(　　),通过建立数据库和决策模型,实现向企业决策者提供及时、可靠的财务和业务决策辅助信息。
A. 通信技术 B. 数据分析方法
C. 计算机 D. 决策分析方法

16. (　　)模块可以从成本管理模块获得有关的成本数据。
A. 工资管理 B. 固定资产管理
C. 存货核算 D. 项目管理

17. 下列关于会计软件界面应当使用文字的说法中,正确的有(　　)。
A. 应当使用中文并且提供对中文处理的支持
B. 应当同时提供外国文字
C. 可以同时提供外国或者少数民族文字界面处理支持
D. 可以同时提供外国或者少数民族文字界面对照支持

18. 如果发现已记账的凭证错误,只能通过(　　)来进行更正。
A. 划线更正法 B. 红字冲销法
C. 取消记账 D. 补充登记法

19. 下列关于会计软件和服务规范对供应商的要求中,正确的有(　　)。
A. 鼓励软件供应商采用呼叫中心、在线客服等方式为用户提供实时技术支持
B. 软件供应商应当努力提高与会计软件相关的服务质量,任何情况下都要及时

解决用户使用中的故障问题

C. 以远程访问、云计算等方式提供会计软件的供应商,应当在技术上保证客户会计资料的安全、完整

D. 软件供应商应当就如何通过会计软件开展会计核算工作,提供专门教程和相关资料

20. 处于会计核算信息化阶段的企业,应当结合自身情况,逐步实现(　　)等财务管理信息化。

A. 资产管理　　　　　　　　　　B. 预算控制
C. 资金管理　　　　　　　　　　D. 成本管理

21. 处于财务管理信息化阶段的企业,应当结合自身情况,逐步实现(　　)等决策支持信息化。

A. 全面预算管理　　　　　　　　B. 风险控制
C. 财务分析　　　　　　　　　　D. 绩效考核

22. (　　)应当探索利用信息技术促进会计工作的集中,逐步建立财务共享服务中心。

A. 企业集团　　　　　　　　　　B. 分公司数量多的企业
C. 子公司数量多的企业　　　　　D. 分公司分布广的大型企业

23. 下列选项中,属于企业会计信息化建设规定的有(　　)。

A. 未经自动审核的会计凭证,应当先经人工审核,再进行后续处理
B. 外商投资企业使用的境外投资者指定的会计软件或者跨国企业集团统一部署的会计软件,应当符合会计软件和服务规范的要求
C. 企业配备的会计软件应当符合会计软件和服务规范的要求
D. 定制开发包括企业自行开发、委托外部单位开发、企业与外部单位联合开发

24. (　　)的会计凭证,可以将审核规则嵌入会计软件,由计算机自动审核。

A. 信息系统自动生成　　　　　　B. 手工编制
C. 具有明晰审核规则　　　　　　D. 无明晰审核规则

三、判断题

1. 狭义的会计电算化是指以电子计算机为主体的当代电子信息技术在会计工作中的应用。(　　)

2. 使用会计软件后的会计核算工作基本上实现了自动化,会计数据的收集、输入和审核均可由软件自动完成。(　　)

3. 会计信息化以构建和实施有效的企业内部控制为指引,集成管理企业的各种资源和信息。(　　)

4. 会计电算化是指企业利用计算机、网络通信等现代信息技术手段开展会计核

算,以及利用上述技术手段将会计核算与其他经营管理活动有机结合的过程。（　）

5. 企业管理软件最早起源于制造业管理信息系统的研究与开发,并且经历了物料需求计划 MRP、制造资源计划 MRP Ⅱ 和企业资源计划 ERP 三个大的发展阶段。
（　）

6. ERP 的核心思想是供应链管理,强调对整个供应链的有效管理,提高企业配置和使用资源的效率。（　）

7. ERP 软件中用于处理会计核算数据部分的模块不属于会计核算软件的范畴。
（　）

8. 2010 年 10 月 19 日,财政部颁布了 XBRL 技术规范系列国家标准和企业会计准则通用分类标准。（　）

9. XBRL (eXtensible Business Reporting Language 的简称,译为"可扩展商业报告语言")是一种基于可扩展标记语言的开放性业务报告技术标准。（　）

10. 软件供应商应该在会计软件中集成可扩展商业报告语言（XBRL）功能,便于企业生成符合国家统一标准的 XBRL 财务报告。（　）

11. 使财务数据具有更广泛的可比性不是 XBRL 的优势。（　）

12. 会计核算软件与手工核算都需要遵守共同的会计准则和会计制度。（　）

13. 在会计电算化方式下,会计软件运用适当的处理程序和逻辑控制能够避免在手工会计处理方式下出现的一些错误。（　）

14. 通用会计核算软件开发水平高,购置成本相对较低。（　）

15. 通用会计软件安全保密性强,用户只能执行软件功能,不能访问和修改源程序。（　）

16. 自行开发的会计软件由于企业内部员工对系统充分了解,因此企业能够快速反应、及时高效地纠错和调整出现的问题。（　）

17. 委托外部单位开发会计软件适用于业务简单的小企业。（　）

18. 企业通过与外部单位联合开发、购买等方式配备的会计软件,应当在有关合同中约定操作培训、软件升级、故障解决等服务事项,以及软件供应商对企业信息安全的责任。（　）

19. 凡是具备相对独立完成会计数据输入、处理和输出功能模块的软件均可视为会计核算软件。（　）

20. 账务处理子系统不仅可以直接处理来自记账凭证的信息,而且可以接收来自各核算子系统的自动转账凭证。（　）

21. 存货核算系统是财务核算系统的一个子系统,它和总账之间不存在数据传输关系。（　）

22. 报表管理和财务分析模块可以从各模块取数编制相关财务报表,进行财务分析。（　）

23. 未经自动审核的会计凭证,不需要经过人工审核,可直接进行后续处理。
(　　)

24. 企业应当建立电子会计资料备份管理制度,确保会计资料的安全、完整和会计信息系统的持续、稳定运行。
(　　)

【分节习题必会】答案及解析

第一节　会计电算化的概念及其特征

一、单项选择题

1.【答案】　D

【解析】　会计电算化的概念有狭义和广义之分,其中狭义的会计电算化是指以电子计算机为主体的电子信息技术在会计工作中的应用。

2.【答案】　D

【解析】　专用会计核算软件是指由使用单位根据自身会计核算与管理的需要,自行开发或委托其他单位开发,专供本单位使用的会计核算软件。

3.【答案】　B

【解析】　会计信息系统(Accounting Information System,简称 AIS),是指利用信息技术对会计数据进行采集、存储和处理,完成会计核算任务,并提供会计管理、分析与决策相关会计信息的系统。

4.【答案】　D

【解析】　ERP 由美国的 Gartner Group Inc. 于 1991 年首次提出。

5.【答案】　A

【解析】　我国的 XBRL 发展始于证券领域,其发展经历了几个阶段,其中第一个阶段是 2003 年 11 月上海证券交易所在全国率先实施基于 XBRL 的上市公司信息披露标准。

6.【答案】　C

【解析】　2010 年 10 月 19 日,国家标准化管理委员会和财政部颁布了可扩展商业报告语言(XBRL)技术规范系列国家标准和企业会计准则通用分类标准。

7.【答案】　B

【解析】　可扩展标记语言是一种很像超文本标记语言的标记语言,它的设计宗旨是传输数据,而不是显示数据,它的标签没有被预定义,需要自行定义,它被设计为具有自我描述性,是 W3C 的推荐标准。

17

8.【答案】 C

【解析】 尽管许多会计核算工作基本实现了自动化,但会计数据的收集、审核和输入等工作仍需人工完成;记账、结账和生成报表等工作需要计算机完成。

二、多项选择题

1.【答案】 AB

【解析】 会计电算化和会计信息化的关系在于:会计电算化是会计信息化的初级阶段,是会计信息化的基础工作。

2.【答案】 AB

【解析】 会计软件是指专门用于会计核算、财务管理的计算机软件、软件系统及其功能模块。

3.【答案】 ABCD

【解析】 ERP 系统包括生产管理、财务会计、物资供应、销售管理、劳动工资和人事管理等子系统,分别具有管理生产、财务会计、物资供应、产品销售和工资人事等职能。

4.【答案】 ABD

【解析】 会计信息系统按照功能和管理层次的高低,可分为会计核算系统、会计管理系统和会计决策支持系统。

5.【答案】 ABCD

【解析】 ERP 利用信息技术,一方面将企业内部所有资源整合在一起,另一方面将企业与其外部的供应商、客户等市场要素有机结合,实现对企业的物资资源(物流)、人力资源(人流)、财务资源(财流)和信息资源(信息流)等资源进行一体化管理(即"四流一体化"或"四流合一")。

6.【答案】 ACD

【解析】 在功能层次上,ERP 除了最核心的财务、分销和生产管理等管理功能以外,还集成了人力资源、质量管理、决策支持等企业其他管理功能。

7.【答案】 ABCD

【解析】 四个选项的表述都正确。

8.【答案】 ABD

【解析】 选项 C,在会计电算化方式下,内部控制由过去的纯粹人工控制发展成为人工与计算机相结合的控制形式,而不是完全的计算机控制。

三、判断题

1.【答案】 ×

【解析】 1981年8月,在财政部、原第一机械工业部和中国会计学会的支持下,中国人民大学和长春第一汽车制造厂在吉林省长春市联合召开了"关于财务、会计、成本应用电子计算机的专题讨论会",正式提出了"会计电算化"。因此我国会计电算化工作起始于20世纪80年代。

2. 【答案】 ×

【解析】 在会计发展的过程中,以收集、处理和提供会计信息为主的核心始终没有改变,发生变化的主要是会计信息处理与提供的技术和方式,以及分析与利用会计信息的能力和程序。

3. 【答案】 √

【解析】 会计电算化将提高会计核算的水平和质量。其主要表现在以下几个方面:减轻会计人员劳动强度,提高工作效率;缩短了会计数据处理周期,提高了会计数据的时效性;提高了会计数据处理的正确性和规范性。

4. 【答案】 √

【解析】 会计电算化是会计信息化的初级阶段和基础工作;会计电算化解决的是利用信息技术进行会计核算和报告工作的相关问题;会计信息化则是以构建和实施有效的企业内部控制为指引,集成管理企业的各种资源和信息。

5. 【答案】 ×

【解析】 决策支持系统是一种辅导人员进行决策的人机会话系统,它不是代替人类决策,而是以现代信息技术为手段,为决策者提供所需的各类信息,提供相应的科学方法和数学模型,帮助决策者选择最佳方案,以减少或避免决策失误,降低决策风险。

6. 【答案】 ×

【解析】 MRP、MRPⅡ、ERP都是企业管理软件,不属于会计软件。

7. 【答案】 √

【解析】 会计软件系统可以独立存在,供企业单独使用。同时ERP系统包括分销、生产和财务三大核心子系统,说明ERP的子系统中含有会计软件系统。

8. 【答案】 ×

【解析】 2003年11月,上海证券交易所在全国率先实施基于XBRL的上市公司信息披露标准,说明我国的XBRL发展始于证券领域。

9. 【答案】 √

【解析】 2010年10月19日,国家标准化管理委员会和财政部颁布了可扩展商业报告语言(XBRL)技术规范系列国家标准和企业会计准则通用分类标准。

10. 【答案】 ×

【解析】 适应变化的会计准则制度的要求是企业应用XBRL的优势之一。

11. 【答案】 ×

【解析】 计算机将根据程序和指令在极短的时间内自动完成会计数据的分类、汇总、计算、传递及报告等工作,反映了会计电算化人机结合的特征。

12.【答案】 ×

【解析】 会计数据的收集、审核和输入等工作仍需要人工完成;记账、结账和生成报表等工作需要计算机完成。

第二节 会计软件的配备方式及其功能模块

一、单项选择题

1.【答案】 D

【解析】 企业配备会计软件的方式主要有购买、定制开发、购买与开发相结合等方式。其中,定制开发包括企业自行开发、委托外部单位开发、企业与外部单位联合开发三种具体开发方式。

2.【答案】 D

【解析】 购买通用会计软件适用于大多数没有或只有较少特殊业务的企事业单位,是目前应用最普遍的方式,也是企业迅速实现会计电算化的有效方式。

3.【答案】 B

【解析】 委托外部单位开发会计软件成本较高,花费时间长,系统实用性差,外部单位的服务与维护承诺不易做好,可见其缺点较多,因此这种方式目前已很少使用。

4.【答案】 B

【解析】 企业与外部单位联合开发配备会计软件的方式,由本单位财务部门和网络信息部门进行系统分析,外单位负责系统设计和程序开发工作,网络信息部门负责对系统的重大修改,财务部门负责日常维护工作。

5.【答案】 D

【解析】 会计软件是一个复杂的大系统,一般由若干功能模块组成。会计软件的功能模块是指会计核算软件中能够相对独立完成会计数据输入、处理和输出功能的各个部分。

6.【答案】 A

【解析】 作为整个会计核算软件的核心,账务处理模块是以凭证为数据处理起点,通过凭证输入和处理,完成记账、银行对账、结账、账簿查询及打印输出等工作。

7.【答案】 D

【解析】 账务处理模块是以凭证为数据处理起点,通过凭证输入和处理,完成记账、银行对账、结账、账簿查询及打印输出等工作。选项D,对企业财务活动的分析是财务分析模块的功能。

8.【答案】 D

【解析】 应收、应付管理模块以发票、费用单据、其他应收单据、应付单据等原始单据为依据,记录销售、采购业务所形成的往来款项,处理应收、应付款项的收回、支付和转账,进行账龄分析和坏账估计及冲销等功能。

9.【答案】 D

【解析】 报表管理模块与其他模块相连,可以根据会计核算的数据,生成各种内部报表、外部报表、汇总报表,并根据报表数据分析报表生成各种分析图等。

10.【答案】 B

【解析】 预算管理模块将需要进行预算管理的集团公司、子公司、分支机构、部门、产品、费用要素等对象,根据实际需要分别定义为利润中心、成本中心、投资中心等不同类型的责任中心,然后确立各责任中心的预算方案,指定预算审批流程,明确预算编制内容,进行责任预算的编制、审核、审批,以便实现对各个责任中心的控制、分析和绩效考核。

11.【答案】 C

【解析】 存货核算模块将应计入外购入库成本的运费、装卸费等采购费用和应计入委托加工入库成本的加工费传递到应付管理模块。

二、多项选择题

1.【答案】 ABD

【解析】 通用会计软件是指软件公司为会计工作而专门设计开发,并以产品形式投入市场的应用软件。企业作为用户,付款购买即可获得软件的使用、维护、升级以及人员培训等服务。

2.【答案】 ACD

【解析】 选项B,不属于它的优点,自行开发会计软件开发周期长、成本高。

3.【答案】 ABC

【解析】 企业与外部单位联合开发配备会计软件的方式,由本单位财务部门和网络信息部门进行系统分析,外单位负责系统设计和程序开发工作。

4.【答案】 ABCD

【解析】 目前许多商品化的账务处理模块还包括往来款管理、部门核算、项目核算和管理及现金银行管理等辅助核算功能模块。

5.【答案】 AB

【解析】 固定资产管理模块主要是以固定资产卡片和固定资产明细账为基础,实现固定资产的会计核算、折旧计提和分配、设备管理等功能。

6.【答案】 AD

【解析】 应付管理模块完成采购单据处理、供应商往来处理、票据新增、付款、退票处理等业务后,生成相应的记账凭证并传递到账务处理模块,以便用户审核登记除购往来及其相关账簿;存货核算模块将应计入外购入库成本的运费、装卸费等采购费用和应计入委托加工入库成本的加工费传递到应付管理模块。

7.【答案】 ABC

【解析】 成本管理模块中,如果将计入生产成本的间接费用和其他费用定义为来源于账务处理模块,则成本管理模块在账务处理模块记账后,从账务处理模块中直接取得间接费用和其他费用的数据;固定资产管理模块为成本管理模块提供固定资产折旧费数据;工资管理模块为成本管理模块提供人工费资料。

8.【答案】 ABCD

【解析】 在网络环境下,很多报表管理模块同时提供了远程报表的汇总、数据传输、检索查询和分析处理等功能。

9.【答案】 ABD

【解析】 财务分析模块从会计软件的数据库中提取数据,运用各种专门的分析方法,完成对企业财务活动的分析,实现对财务数据的进一步加工,生成分析和评价企业财务状况、经营成果和现金流量的各种信息,为决策提供正确依据。

10.【答案】 ABCD

【解析】 项目管理主要包括项目立项、计划、跟踪与控制、终止的业务处理以及项目自身的成本核算等功能。

11.【答案】 ABD

【解析】 选项C,采购发票经过应付管理模块审核,进行采购结算,生成记账凭证传递到账务处理模块。

三、判断题

1.【答案】 √

【解析】 通用会计软件是指软件公司为会计工作而专门设计开发,并以产品形式投入市场的应用软件,适用于大多数没有或只有较少特殊业务的企事业单位,是目前应用最普遍的方式。

2.【答案】 ×

【解析】 通用会计软件的优点包括软件性能稳定,质量可靠,运行效率高,能够满足企业的大部分需求,而不是全部需求。

3.【答案】 ×

【解析】 自行开发系统是在充分考虑自身生产经营特点和管理要求的基础上,设计最有针对性和适用性的会计软件,适用于企业的业务流程。

4.【答案】 √

【解析】 自行开发软件方式的缺点主要有:①系统开发要求高、周期长、成本

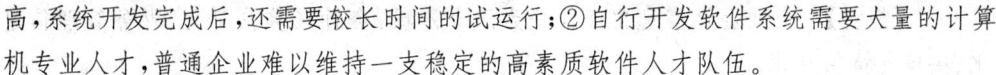

高,系统开发完成后,还需要较长时间的试运行;②自行开发软件系统需要大量的计算机专业人才,普通企业难以维持一支稳定的高素质软件人才队伍。

5. 【答案】 √

【解析】 委托外部单位开发软件的优点之一是,软件的针对性较强,降低了用户的使用难度;缺点之一是,委托开发费用较高,同时开发人员需要花大量的时间了解业务流程和客户需求,会延长开发的时间。

6. 【答案】 √

【解析】 企业与外单位联合开发会计软件适用于特殊业务较多的大型企业,是目前很多大型、集团性企业采用的较多的方式。

7. 【答案】 ×

【解析】 会计软件的功能模块是指会计核算软件中能够相对独立完成会计数据输入、处理和输出功能的各个部分。各功能模块是相对独立的。

8. 【答案】 ×

【解析】 账务处理模块是整个会计核算软件的核心,缺少账务处理模块,会计软件将无法正常运行。

9. 【答案】 ×

【解析】 完整的会计软件的功能模块包括:账务处理模块、固定资产管理模块、工资管理模块、应收管理模块、应付管理模块、成本管理模块、报表管理模块、存货核算模块、财务分析模块、预算管理模块、项目管理模块、其他管理模块。

10. 【答案】 √

【解析】 工资管理模块是进行工资核算和管理的模块,该模块以人力资源管理提供的员工及其工资的基本数据为依据。

11. 【答案】 ×

【解析】 预算管理模块还可以实现对各子公司预算的汇总、对集团公司及子公司预算的查询,以及根据实际数据和预算数据自动进行预算执行差异分析、预算执行进度分析等。

第三节 企业会计信息化工作规范

一、单项选择题

1. 【答案】 B

【解析】 2013 年 12 月 6 日,财政部印发《企业会计信息化工作规范》。该规范分总则、会计软件和服务、企业会计信息化、监督和附则共 5 章 49 条,自 2014 年 1 月 6 日起施行。

2. 【答案】 B

【解析】 企业会计信息化工作分为三个阶段：会计核算信息化、财务管理信息化、决策支持信息化。

3. 【答案】 D

【解析】 为防止硬盘上的会计数据遭到意外或被人为破坏，用户需要定期将硬盘数据备份到其他磁性介质上（如 U 盘、光盘等）。在月末结账后，对本月重要的账簿和报表数据还应该打印备份。

4. 【答案】 C

【解析】 软件供应商提供的会计软件不符合《企业会计信息化工作规范》的，财政部可以约谈该供应商主要负责人，责令限期改正。

二、多项选择题

1. 【答案】 ABCD

【解析】 会计软件应当提供不可逆的记账功能，确保对同类已记账凭证的连续编号，不得提供对已记账凭证的删除和插入功能，不得提供对已记账凭证日期、金额、科目和操作人的修改功能。

2. 【答案】 ABCD

【解析】 大型企业、企业集团开展会计信息化工作，应当注重整体规划，统一技术标准、编码规则和系统参数，实现各系统的有机整合，消除信息孤岛。

3. 【答案】 AC

【解析】 以远程访问、云计算等方式提供会计软件的供应商，应当做好本厂商不能维持服务情况下，保障企业电子会计资料安全以及企业会计工作持续进行的预案。

4. 【答案】 ABCD

【解析】 本题四个选项均属于会计软件供应商服务规范的内容。

5. 【答案】 ABCD

【解析】 本题四个选项均属于企业会计信息化建设的规定。

6. 【答案】 ABCD

【解析】 会计信息化的监督管理包含三条，本题四个选项均属于其内容。

三、判断题

1. 【答案】 ×

【解析】 企业获得的需要外部单位或者个人证明的原始凭证和其他会计资料，同时满足下列条件的，可以不输出纸面资料：①会计资料附有外部单位或者个人的、符合《中华人民共和国电子签名法》的可靠的电子签名；②电子签名经符合《中华人民共和国电子签名法》的第三方认证；③所记载的事项属于本企业重复发生的日常业务;④可及时在企业信息系统中以人类可读形式查询和输出;⑤企业对相关数据建立了电子备份制度,能有效防范自然灾害、意外事故和人为破坏的影响;⑥企业对电子和纸面会计资料建立了完善的索引体系。

2.【答案】 ×

【解析】 企业进行会计信息系统前端系统的建设和改造,应当安排负责会计信息化工作的专门机构或者岗位参与,充分考虑会计信息系统的数据需求。

【本章习题必练】答案及解析

一、单项选择题

1.【答案】 A

【解析】 我国会计电算化的管理体制是:财政部管理全国的会计电算化工作,地方各级财政部门管理本地区的会计电算化工作。

2.【答案】 B

【解析】 选项B错误,会计信息化是会计电算化的高级阶段。

3.【答案】 B

【解析】 会计信息系统根据信息技术的影响程度可划分为手工会计信息系统、传统自动化会计信息系统和现代化会计信息系统;根据其功能与管理层次的高低,可以分为会计核算系统、会计管理系统和会计决策支持系统。

4.【答案】 B

【解析】 ERP是Enterprise Resource Planning(企业资源计划)的简称,是20世纪90年代美国一家IT公司根据当时计算机信息、IT技术发展及企业对供应链管理的需求,预测在今后信息时代企业管理信息系统的发展趋势和即将发生的变革,而提出的概念。

5.【答案】 A

【解析】 XBRL译为可扩展商业报告语言。我国的XBRL发展始于证券领域。

6.【答案】 C

【解析】 在会计电算化方式下,"数据处理及时准确"的表现:利用计算机处理会计数据,可以在较短的时间内完成会计数据的分类、汇总、计算、传递和报告等工作,使会计处理流程更为简便,核算结果更为精确。此外,在会计电算化方式下,会计软件运用适当的处理程序和逻辑控制,能够避免在手工会计处理方式下出现的一些错误。

7.【答案】 B

【解析】 在会计电算化方式下,与会计工作相关的内部控制制度也将发生明显的变化,内部控制由过去的纯粹人工控制发展成为人工与计算机相结合的控制形式。

8. 【答案】 B

   【解析】 通用会计软件的优点之一是软件的维护和升级由软件公司负责。

9. 【答案】 A

   【解析】 购买通用会计软件适用于大多数没有或只有较少特殊业务的企事业单位,是目前应用最为普遍的方式,也是企业迅速实现会计电算化的有效方式。

10. 【答案】 A

    【解析】 购买通用会计软件是目前应用最为普遍的方式;自行开发会计软件是在充分考虑自身生产经营特点和管理要求的基础上设计的,最有针对性和适用性。通用会计软件与自行开发会计软件最大的区别在于是否通用。

11. 【答案】 C

    【解析】 会计软件是一个复杂的大系统,一般由若干功能模块组成。会计软件的功能模块是指会计核算软件中能够相对独立完成会计数据输入、处理和输出功能的各个部分。

12. 【答案】 D

    【解析】 账务处理模块是整个会计核算软件的核心,因此一个完整的会计软件系统必定包括账务处理模块。

13. 【答案】 A

    【解析】 账务处理模块是以凭证为数据处理起点,通过凭证输入和处理,完成记账、银行对账、结账、账簿查询及打印输出等工作,是整个会计核算软件的核心。

14. 【答案】 D

    【解析】 财务分析模块是根据账务处理模块中凭证记账后生成的报表进行分析的,与账务处理模块之间不存在凭证传递关系。

15. 【答案】 A

    【解析】 成本管理模块在成本核算完成后,要将结转制造费用、结转辅助生产成本、结转盘点损失和结转共享产品耗用的记账凭证数据传递到账务处理模块。

16. 【答案】 B

    【解析】 存货管理模块将核算完成的销售收入、成本和费用等数据,按照需要分别传递到成本管理模块、应付管理模块和账务处理模块。

17. 【答案】 C

    【解析】 存货管理模块以供应链模块产生的入库单、出库单、采购发票等核算单据为依据,核算存货的出入库和库存金额、余额,确认采购成本,分配采购费用,确认销售收入、成本和费用。

18. 【答案】 B

【解析】 领导查询模块可以按照领导的要求从各模块中提取有用的信息并加以处理,以最直观的表格和图形显示,使得管理人员通过该模块及时掌握企业信息。

19.【答案】 A

【解析】 会计信息化建设包含十一条内容,其中包括企业应当充分重视会计信息化工作,加强组织领导和人才培养,不断推进信息化在本企业的应用。应当根据企业发展目标和实际需要,合理确定建设内容,避免投资浪费。企业开展会计信息化工作,应当注重信息系统与经营环境的契合。

20.【答案】 B

【解析】 财政部采取组织同行评议、向用户企业征求意见等方式对软件供应商提供的会计软件遵循《企业会计信息化工作规范》的情况进行检查。

21.【答案】 B

【解析】 软件供应商提供的会计软件不符合《企业会计信息化工作规范》的,财政部可以约谈该供应商主要负责人,责令限期改正。限期内未改正的,由财政部予以公示,并将有关情况通报相关部门。

22.【答案】 D

【解析】 实现会计电算化以后,提高了工作效率,会计人员可以有更多的时间和精力进行财务分析,参与经济管理。

二、多项选择题

1.【答案】 ABCD

【解析】 广义的会计电算化是指与实现电算化有关的所有工作,包括会计软件的开发应用及其软件市场的培育、会计电算化人才的培训、会计电算化的宏观规划和管理、会计电算化制度建设等。

2.【答案】 AB

【解析】 会计软件有两种分类方法:会计软件按硬件结构划分,分为单用户会计核算软件和多用户会计核算软件;按会计核算软件的通用范围划分,分为专用会计核算软件和通用会计核算软件。

3.【答案】 ABD

【解析】 选项C,会计信息系统是指利用信息技术对会计数据进行采集、存储和处理,完成会计核算任务,并提供会计管理、分析与决策相关会计信息的系统。ERP系统是指利用信息技术,将内部资源和外部资源进行有机结合,实现四流合一的系统。

4.【答案】 AD

【解析】 会计信息系统作为ERP系统的重要子系统,已经与其他业务子系统融为一体。

5.【答案】 BC

【解析】 ERP系统中的会计信息系统包括财务会计和管理会计两个子系统。

6.【答案】 ACD

【解析】 工资管理属于会计核算系统中的子模块,不属于ERP系统。

7.【答案】 ABCD

【解析】 使用XBRL的优势主要有:能够提供更为精确的财务报告与更具可信度和相关性的信息;能够降低数据采集成本,提高数据流转及交换效率;能够帮助数据使用者更快捷方便地调用、读取和分析数据;能够使财务数据具有更广泛的可比性;能够增加资料在未来的可读性与可维护性;能够适应变化的会计准则制度的要求。

8.【答案】 BC

【解析】 自行开发会计软件方式一般适用于技术力量雄厚、特殊业务较多的大型企业使用。

9.【答案】 BCD

【解析】 选项A,是自行开发方式的缺点。

10.【答案】 BD

【解析】 完整的会计软件的功能模块包括:账务处理模块、固定资产管理模块、工资管理模块、应收管理模块、应付管理模块、成本管理模块、报表管理模块、存货核算模块、财务分析模块、预算管理模块、项目管理模块、其他管理模块。

11.【答案】 ABCD

【解析】 账务处理模块可以向其他模块提供人员档案、部门档案、供应商(客户)档案、存货档案等初始数据;固定资产管理模块、工资管理模块等可以将生成的记账凭证传递到账务处理模块;成本管理模块可以接受工资管理模块、固定资产管理模块、存货核算模块获取材料费用、人工费用和折旧费用等数据,成本管理模块可以将结转制造费用等记账凭证传递到账务处理模块。

12.【答案】 ABD

【解析】 工资管理模块以人力资源管理提供的员工及其工资的基本数据为依据,完成员工工资数据的收集、员工工资的核算、工资发放、工资费用的汇总和分摊、个人所得税计算和按照部门、项目、个人时间等条件进行工资分析、查询和打印输出,以及该模块与其他模块的数据接口管理。

13.【答案】 ABD

【解析】 报表管理模块与其他模块相连,可以根据会计核算的数据,结合会计准则和会计制度的要求以及企业管理的实际需求,生成各种内部报表、外部报表、汇总报表,并根据报表数据分析报表,以及生成各种分析图等。在网络环境下,很多报表管理模块同时提供了远程报表的汇总、数据传输、检索查询和分析处理等功能。选项C,是财务分析模块的功能。

14.【答案】 ABCD

【解析】 利用预算管理模块,既可以编制全面预算,又可以编制非全面预算;既可以编制滚动预算,又可以编制固定预算、零基预算;同一责任中心,既可以设置多种预算方案,编制不同预算,又可以在同一预算方案下选择编制1个月、1个季度、1年、3年等不同预算期的预算。

15.【答案】 ACD

【解析】 决策支持模块利用现代计算机、通信技术和决策分析方法,通过建立数据库和决策模型,实现向企业决策者提供及时、可靠的财务和业务决策辅助信息。

16.【答案】 ABCD

【解析】 成本管理模块具有与生产模块、供应链模块,以及账务处理、工资管理、固定资产管理、存货核算和项目管理等模块进行数据传递的功能。

17.【答案】 ACD

【解析】 会计软件界面应当使用中文并且提供中文处理的支持,可以同时提供外国或者少数民族文字界面对照和处理支持。

18.【答案】 BD

【解析】 会计软件应当提供不可逆的记账功能,对于已记账的凭证,不能执行反记账,也就是取消记账操作。如果发现已记账的凭证错误,只能通过红字冲销法或补充登记法来进行更正。

19.【答案】 AC

【解析】 选项B,软件供应商应当努力提高与会计软件相关的服务质量,按照合同约定及时解决用户使用中的故障问题;选项D,软件供应商应当就如何通过会计软件开展会计监督工作,提供专门教程和相关资料。

20.【答案】 ABCD

【解析】 处于会计核算信息化阶段的企业,应当结合自身情况,逐步实现资金管理、资产管理、预算控制、成本管理等财务管理信息化。

21.【答案】 ABCD

【解析】 处于财务管理信息化阶段的企业,应当结合自身情况,逐步实现财务分析、全面预算管理、风险控制、绩效考核等决策支持信息化。

22.【答案】 ABCD

【解析】 分公司、子公司数量多、分布广的大型企业、企业集团应当探索利用信息技术促进会计工作的集中,逐步建立财务共享服务中心。

23.【答案】 ABCD

【解析】 四个选项均符合题意。

24.【答案】 AC

【解析】 对于信息系统自动生成且具有明晰审核规则的会计凭证,可以将审核规则嵌入会计软件,由计算机自动审核。

三、判断题

1.【答案】 √

【解析】 狭义的会计电算化是指以电子计算机为主体的当代电子信息技术在会计工作中的应用。具体来说，就是利用会计软件，指挥各种计算机设备替代手工完成或完成在手工下很难完成，甚至无法完成的会计工作的过程。

2.【答案】 ×

【解析】 尽管会计电算化后的会计核算工作基本上实现了自动化，但会计数据的收集、审核和输入等工作仍然需要手工来完成。

3.【答案】 √

【解析】 会计电算化解决的是利用信息技术进行会计核算和报告工作的相关问题。会计信息化是在会计电算化工作的基础上，以构建和实施有效的企业内部控制为指引，集成管理企业的各种资源和信息。

4.【答案】 ×

【解析】 会计信息化是指企业利用计算机、网络通信等现代信息技术手段开展会计核算，以及利用上述技术手段将会计核算与其他经营管理活动有机结合的过程。

5.【答案】 √

【解析】 在ERP概念提出之前，ERP管理思想与技术经历了30多年的发展变革，从物料需求计划MRP到制造资源计划，再进一步发展到企业资源计划，逐渐成熟。

6.【答案】 √

【解析】 ERP的核心思想是供应链管理，强调对整个供应链的有效管理，提高企业配置和使用资源的效率。

7.【答案】 ×

【解析】 ERP软件中用于处理会计核算数据部分的模块属于会计核算软件的范畴。

8.【答案】 ×

【解析】 2010年10月19日，国家标准化管理委员会和财政部颁布了可扩展商业报告语言（XBRL）技术规范系列国家标准和企业会计准则通用分类标准。

9.【答案】 √

【解析】 XBRL（eXtensible Business Reporting Language，简称XBRL，译为"可扩展商业报告语言"）是一种基于可扩展标记语言的开放性业务报告技术标准。

10.【答案】 ×

【解析】 会计软件和服务的规范是鼓励软件供应商在会计软件中集成可扩

展商业报告语言(XBRL)功能,便于企业生成符合国家统一标准的XBRL财务报告,而不是应该。

11. 【答案】 ×

【解析】 使财务数据具有更广泛的可比性是企业应用XBRL的优势之一。

12. 【答案】 √

【解析】 会计核算软件与手工会计核算都需要遵守共同的会计准则和会计制度。

13. 【答案】 √

【解析】 利用计算机处理会计数据,可以在较短的时间内完成会计数据的分类、汇总、计算、传递和报告等工作,使会计处理流程更为简便,核算结果更为精确。此外,在会计电算化方式下,会计软件运用适当的处理程序和逻辑控制,能够避免在手工会计处理方式下出现的一些错误。

14. 【答案】 √

【解析】 企业投入少、软件性能稳定、质量可靠、运行效率高是通用会计软件的优点之一。

15. 【答案】 √

【解析】 商品化软件安全保密性强,用户只能执行软件功能,不能访问和修改源程序是通用会计软件的优点之一。

16. 【答案】 √

【解析】 自行开发是指企业自行组织人员进行会计软件开发。其优点之一是,企业内部员工对系统充分了解,当会计软件出现问题或需要改进时,企业能够快速反应、及时高效地纠错和调整,保证系统使用的流畅性。

17. 【答案】 ×

【解析】 委托外部单位开发软件的缺点:①委托开发费用较高;②开发人员需要花大量的时间了解业务流程和客户需求,会延长开发时间;③开发系统的实用性差,常常不适用于企业的业务处理流程;④外部单位的服务与维护承诺不易做好。因此,这种方式目前已很少使用。

18. 【答案】 ×

【解析】 企业通过委托外部单位开发、购买等方式配备会计软件,应当在有关合同中约定操作培训、软件升级、故障解决等服务事项,以及软件供应商对企业信息安全的责任。而不是与外部单位联合开发。

19. 【答案】 √

【解析】 凡是具备相对独立完成会计数据输入、处理和输出功能模块的软件,如账务处理、固定资产核算、工资核算软件等均可视为会计核算软件。

20. 【答案】 √

【解析】 账务处理子系统不仅可以直接处理来自记账凭证的信息,而且可以接收来自各个核算子系统的自动转账凭证,进行总分类核算。

21.【答案】 ×

【解析】 存货核算模块生成存货入库、存货估价入账、存货出库、盘亏/毁损、存货销售收入、存货期初余额调整等业务的记账凭证,并传递到账务处理模块,以便用户审核登记存货账簿。

22.【答案】 √

【解析】 报表管理和财务分析模块可以从各模块取数编制相关财务报表,进行财务分析。

23.【答案】 ×

【解析】 未经自动审核的会计凭证,应当先经人工审核再进行后续处理。

24.【答案】 √

【解析】 企业应当建立电子会计资料备份管理制度,确保会计资料的安全、完整和会计信息系统的持续、稳定运行。

第二章 会计软件的运行环境

【本章学习知识体系】

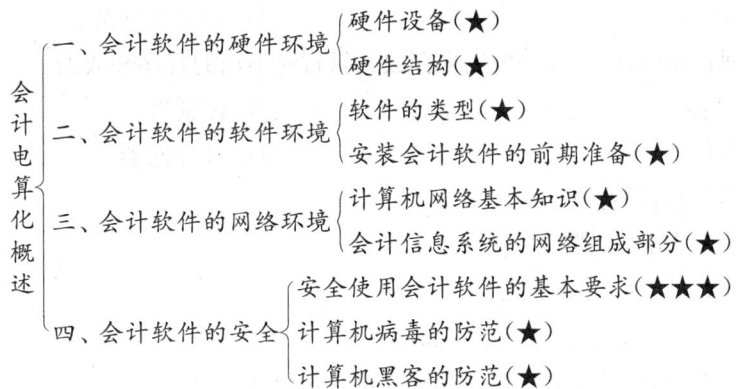

【分节习题必会】

第一节 会计软件的硬件环境

一、单项选择题

1. 下列各项中,属于硬件设备的是( )。
   A. 数据库管理系统　　　　　　　　B. 操作系统
   C. 语言处理程序　　　　　　　　　D. 处理设备
2. 鼠标是微机的一种( )设备。

A. 存储 B. 输出
C. 输入 D. 运算

3. ( )是用于操作设备运行的一种指令和数据输入装置,也指经过系统安排操作一台机器或设备的一组功能键。

A. 键盘 B. 鼠标
C. 扫描仪 D. 打印机

4. ( )是计算机主机的核心部件,主要功能是按照程序给出的指令序列,分析并执行指令。

A. 运算器 B. 存储器
C. 控制器 D. 中央处理器

5. 存储设备是用于储存信息的设备,通常是将信息数字化后再利用( )等方式的媒体加以存储。

A. 磁 B. 电
C. 光学 D. 以上选项都是

6. 下列各项中,( )一般用来存放大量暂时不用的程序和数据。

A. 运算器 B. 控制器
C. 内存储器 D. 外存储器

7. RAM 具有的特点是( )。

A. RAM 是外存储器
B. 存储在其中的数据不能改写
C. 存储在其中的信息可以永久保存
D. 一旦断电,存储在其中的信息将全部消失且无法恢复

8. 下列说法中,正确的是( )。

A. 内存中的信息可以直接被 CPU 访问
B. 外存储器中的信息可以直接被 CPU 处理
C. PC 机在使用过程中突然断电,RAM 中的信息不会丢失
D. PC 机在使用过程中突然断电,ROM 中的信息会丢失

9. 下列关于计算机硬件设备组成部分的描述中,不正确的是( )。

A. 处理设备主要是指中央处理器
B. 随机存储器断电后,数据将会消失
C. 扫描仪在会计软件中一般用来完成原始凭证和单据的扫描
D. 会计软件中的各种数据一般存储在外存储器中

10. 使用简单,配置成本低,数据共享程度高,一致性好,但集中输入速度低,不能同时允许多个成员进行操作,不能进行分布式处理的硬件结构是( )。

A. 单机结构 B. 多机松散结构

C. 多用户结构 D. 微机局域网络

11. 下列关于硬件结构中的单机结构的说法中,正确的是(　　)。

A. 单机结构属于单用户工作方式,一台微机同一时刻可以多人使用

B. 单机结构使用简单,配置成本低

C. 单机结构可以进行分布式处理

D. 单机结构适用于数据输入量较多的企业

12. 多机松散结构各计算机间的数据传递不能通过(　　)进行。

A. U盘 B. 磁盘
C. 互联网 D. 光盘

13. 整个系统配备一台计算机主机和多个终端,下列描述中,正确的是(　　)。

A. 单机结构 B. 多机松散结构
C. 多用户结构 D. 微机局域网络

14. 下列对多机松散结构的描述中,正确的是(　　)。

A. 多机松散结构中的每台微机通过U盘等传送数据

B. 多机松散结构中的每台微机直接发生数据联系

C. 多机松散结构的优点在于配置成本低,数据共享程度高

D. 多机松散结构的缺点是主机负载过大,容易形成拥塞

15. 下列关于微机局域网络的说法中,错误的是(　　)。

A. 微机局域网络主要适用于大中型企业

B. 微机局域网络主要适用于小型企业

C. 浏览器/服务器结构的优点在于运行成本低

D. 浏览器/服务器结构的优点在于维护和升级方式简单

16. 下列关于工作站的说法中,错误的是(　　)。

A. 客户机又称为用户工作站,是连接到服务器的计算机

B. 工作站能够享受服务器提供的各种资源和服务

C. 会计人员通过客户机使用会计软件

D. 工作站不能脱离网络单独运行

二、多项选择题

1. 计算机硬件是指计算机系统中由(　　)等组成的各种物理装置的总称。

A. 电子 B. 机械
C. 操作系统 D. 光电元件

2. 下列各项中,属于会计软件的硬件设备的有(　　)。

A. 通信设备 B. 显示器
C. 键盘 D. 扫描仪

3. 扫描仪通常被用于计算机外部仪器设备,通过捕获图像并将之转换成计算机可以(　　)的数字化输入设备。

　A. 显示　　　　　　　　　　　　B. 编辑
　C. 存储　　　　　　　　　　　　D. 输出

4. 控制器的主要功能有(　　)。

　A. 进行逻辑测试
　B. 控制计算机各部件协调工作
　C. 从内存中读取指令和执行指令
　D. 控制计算机各部件自动连续地工作

5. 内存储器分为(　　)。

　A. ROM　　　　　　　　　　　　B. RAM
　C. CPU　　　　　　　　　　　　D. LCD

6. CPU 能直接访问的存储器有(　　)。

　A. 软盘　　　　　　　　　　　　B. 硬盘
　C. ROM　　　　　　　　　　　　D. RAM

7. 下列选项中,属于辅助存储器的有(　　)。

　A. RAM　　　　　　　　　　　　B. 光盘
　C. 软盘　　　　　　　　　　　　D. 硬盘

8. 下列选项中,属于外存储器的有(　　)。

　A. RAM　　　　　　　　　　　　B. ROM
　C. 光盘　　　　　　　　　　　　D. U 盘

9. 下列选项中,属于计算机输入设备的有(　　)。

　A. 打印机　　　　　　　　　　　B. 显示器
　C. 扫描仪　　　　　　　　　　　D. 键盘

10. 输出设备是计算机硬件系统的终端设备,用于接收计算机数据的(　　)等。

　A. 打印　　　　　　　　　　　　B. 输出显示
　C. 声音　　　　　　　　　　　　D. 控制外围设备操作

11. 电算化会计信息系统中常见的硬件结构通常有(　　)形式。

　A. 单机结构　　　　　　　　　　B. 多用户结构
　C. 微机局域网络　　　　　　　　D. 多机松散结构

12. 多机松散结构中每台微机都是单机结构,各台微机可通过(　　)传送数据。

　A. U 盘　　　　　　　　　　　　B. 光盘
　C. 磁盘　　　　　　　　　　　　D. 移动硬盘

13. 下列关于多用户结构的说法中,正确的有(　　)。

　A. 整个系统配备一台计算机主机

B. 整个系统配备多个终端

C. 各终端可同时输入数据

D. 主机与终端的距离较远

14. 下列关于微机局域网络的说法中,正确的有( )。

A. 微机局域网络分为 C/S 结构和 B/S 结构两种结构

B. B/S 结构的优点在于维护和升级方式简单,运行成本低

C. C/S 结构的优点在于技术成熟、响应速度快、适合处理大量数据

D. C/S 结构只需安装一个浏览器,用户通过浏览器向分布在网络上的服务器发出请求

三、判断题

1. 在会计软件中,鼠标一般用来完成会计数据或相关信息的输入工作。( )
2. 通信设备包括有线通信设备和无线通信设备。( )
3. 存储器的基本功能是在运算器的控制下按照指定地址存取各种信息。( )
4. 实行会计电算化单位的会计资料一般存储在主存储器中。( )
5. 单机结构可以实现一台微机同一时刻供多人使用。( )
6. 单机结构不能进行分布式处理,仅适用于数据输入量小的企业。( )
7. 多用户结构是指有多台微机,但每台微机都有相应的输入输出设备,每台微机仍属单机结构,各台微机不发生直接的数据联系(通过磁盘、光盘、U 盘、移动硬盘等传送数据)。( )
8. 客户机/服务器(C/S)结构是指整个系统配置一台服务器以及大量客户机的体系结构。

第二节 会计软件的软件环境

一、单项选择题

1. 计算机软件是指在计算机上运行的各种( )及相应的各种( )。

A. 程序 文档资料 　　　　　B. 程序 数据

C. 操作系统 文档资料 　　　D. 操作系统 数据

2. ( )是用来控制计算机运行,管理计算机的各种资源,并为应用软件提供支持和服务的一类软件。

A. 控制器 　　　　　　　　　B. CPU

C. 操作系统 　　　　　　　　D. 系统软件

3. 操作系统的作用是( )。

A. 负责诊断机器故障
B. 控制和管理计算机系统的硬件和软件环境
C. 负责硬件设备与主机之间的信息交换
D. 将原程序编译成目标程序

4. 下列软件中,不属于数据库管理系统的是(　　)。

A. Access
B. VISUAL FoxPro
C. FTP
D. SQL Server

5. 会计软件是基于(　　)的应用软件。

A. 操作系统
B. 数据库系统
C. 支撑软件
D. 语言处理软件

6. 会计软件属于(　　)。

A. 系统软件
B. 应用软件
C. 操作系统
D. 支撑软件

7. 安装会计软件之前,必须首先要做的是(　　)。

A. 进行病毒的查杀
B. 安装数据库管理系统
C. 安装计算机缺少的支撑软件
D. 确保计算机的操作系统符合会计软件的运行要求

二、多项选择题

1. 下列关于系统软件的说法中,正确的有(　　)。

A. 系统软件为应用软件提供支持和服务
B. 系统软件用于控制计算机运行,管理计算机的各种资源
C. 系统软件是为解决各类应用问题而设计的各种计算机软件
D. 包括操作系统、数据库管理系统、语言处理程序和支撑软件等

2. 下列设备中,属于操作系统的有(　　)。

A. Windows
B. Lotus
C. UNIX
D. Linux

3. 网络操作系统可以实现(　　)。

A. 管理网络中的共享资源
B. 单机操作系统的全部功能
C. 用户通信
D. 方便用户使用网络

4. 数据库管理系统是一种操作和管理数据库的大型软件,用于(　　)数据库。

A. 处理
B. 使用

C. 建立 D. 维护

5. 下列软件中,属于应用软件的有(　　)。
A. 操作系统 B. 会计核算软件
C. SQL Server D. 企业管理软件

6. 应用软件包根据用途不同可分为(　　)等。
A. 表格处理软件 B. 文字处理软件
C. 网络通信软件 D. 统计软件

7. 在安装会计软件之前,需做好(　　)工作。
A. 安装操作系统 B. 进行病毒查杀
C. 安装支撑软件 D. 安装数据库管理系统

三、判断题

1. 计算机软件根据功能可以分为系统软件和应用软件两大类。(　　)
2. 操作系统的主要功能是管理计算机资源。(　　)
3. 数据库管理系统属于应用软件。(　　)
4. 会计核算软件属于系统软件。(　　)
5. 用高级语言编写的程序称为源程序,只有将其翻译成机器语言的指令序列,计算机才能识别和执行。(　　)
6. 应用软件是为解决各类实际问题而专门设计的软件,只能在市场上购买。(　　)
7. 会计软件属于应用软件包。(　　)
8. 会计软件的正常运行需要某些支撑软件的辅助。(　　)
9. 安装会计软件前,应确保已经安装数据库管理软件,同时应考虑会计软件与数据库系统的兼容性。(　　)

第三节　会计软件的网络环境

一、单项选择题

1. 资源共享按照(　　)分为硬件资源共享、软件资源共享和数据资源共享。
A. 共享范围 B. 共享对象
C. 共享目的 D. 共享顺序

2. (　　)使得不仅局域网内的资源可以共享,局域网之间的资源也可以共享。
A. 局域网 B. 城域网
C. 广域网 D. 企业网

3. 下列各项中,网络覆盖范围最广的是( )。
   A. 局域网　　　　　　　　　　　　B. 城域网
   C. 广域网　　　　　　　　　　　　D. 企业网

4. 因特网是( )。
   A. 局域网的简称　　　　　　　　　B. 国际互联网(Internet)的简称
   C. 城域网的简称　　　　　　　　　D. 广域网的简称

5. ( )是网络物理层上面的连接设备,通过对数据信号的重新发送或者转发,来扩大网络传输的距离。
   A. 中继器　　　　　　　　　　　　B. 交换机
   C. 路由器　　　　　　　　　　　　D. 服务器

6. 常见的交换机是( )。
   A. 以太网交换机　　　　　　　　　B. 电话语音交换机
   C. 光纤交换机　　　　　　　　　　D. 以上选项都是

7. 下列关于路由器的说法中,不正确的是( )。
   A. 共用一个宽带账号
   B. 人员之间上网相互影响
   C. 多人通过一根网线上网
   D. 比交换机多了一个虚拟拨号功能

二、多项选择题

1. 计算机网络是以( )共享以及信息传递为目的,在统一的网络协议控制下,将地理位置分散的许多独立的计算机系统连接在一起所形成的网络。
   A. 硬件资源　　　　　　　　　　　B. 软件资源
   C. 信息资源　　　　　　　　　　　D. 系统资源

2. 按照覆盖的地理范围划分,计算机网络主要可分为( )。
   A. 广域网　　　　　　　　　　　　B. 互联网
   C. 城域网　　　　　　　　　　　　D. 局域网

3. 会计信息系统的网络组成部分包括( )。
   A. 服务器　　　　　　　　　　　　B. 通信设备
   C. 客户机　　　　　　　　　　　　D. 网络连接设备

4. 网络连接设备包括( )设备。
   A. 网络电缆　　　　　　　　　　　B. 交换机
   C. 中继器　　　　　　　　　　　　D. 路由器

5. 下列关于交换机的说法中,正确的有( )。
   A. 上网是分别拨号的　　　　　　　B. 多人通过一根网线上网

C. 各自使用各自的宽带　　　　　　D. 人员之间上网相互影响

三、判断题

1. 计算机网络是现代计算机技术与通讯技术相结合的产物。（　　）
2. 按照覆盖的地理范围进行分类，我们将计算机网络分为局域网、都市网、广域网和互联网。（　　）
3. 广域网是作用范围在城域网与局域网之间的网络，其网络覆盖范围通常可以延伸到整个城市。（　　）
4. 因特网（Internet）被视为目前世界上最大的广域网。（　　）
5. 客户机侦听网络上的其他计算机（客户机）提交的服务请求，并提供相应的服务，控制客户端计算机对网络资源的访问，并能存储、处理网络上大部分的会计数据和信息。（　　）
6. 服务器的性能必须适应会计软件的运行要求，其硬件配置一般低于普通客户机。（　　）
7. 中继器适用于两类不相同网络的互联。（　　）

第四节　会计软件的安全

一、单项选择题

1. 下列行为中，会威胁到会计软件安全的是（　　）。
   A. 严格管理账套使用权限
   B. 定期打印备份重要的账簿和报表数据
   C. 严格管理软件版本升级
   D. 经常使用安装有会计软件的机器下载资料
2. （　　）是指计算机病毒可以依附于其他媒体寄生的能力，侵入后的病毒潜伏到条件成熟才发作，使电脑变慢。
   A. 可触发性　　　　　　　　　　B. 传染性
   C. 潜伏性　　　　　　　　　　　D. 破坏性
3. 计算机病毒按存在的方式进行分类，可以分为引导型病毒、文件病毒和（　　）。
   A. 系统病毒　　　　　　　　　　B. 网络病毒
   C. 良性病毒　　　　　　　　　　D. 恶性病毒
4. 下列各项中，不是人为因素导致病毒感染的是（　　）。
   A. 使用即时通信工具
   B. 使用来历不明的硬盘

C. 浏览不安全网页

D. 因为系统漏洞导致病毒入侵

5. 防范计算机病毒的措施中，不包括（   ）。

A. 使用正版软件，杜绝购买盗版软件

B. 拒绝下载与接收网络上的文件和电子邮件

C. 经常检查系统内存

D. 经常升级杀毒软件

6. 下列选项中，（   ）不属于密码破解方式。

A. 假登录程序　　　　　　　　　B. 欺骗

C. 字典攻击　　　　　　　　　　D. 密码探测程序

二、多项选择题

1. 使用会计软件常见的非规范化操作包括（   ）。

A. 密码管理不当

B. 权限管理不当

C. 会计档案保存不当

D. 未按照正常操作规范运行软件

2. 计算机中毒后，可能会导致正常的程序无法运行，把计算机内的文件删除或受到不同程度的损坏，通常表现为（   ）。

A. 删　　　　B. 增　　　　C. 改　　　　D. 移

3. 计算机病毒按破坏能力分类，可以分为（   ）。

A. 文件型病毒　　　　　　　　　B. 良性病毒

C. 恶性病毒　　　　　　　　　　D. 网络病毒

4. 下列选项中，属于良性病毒的有（   ）。

A. 扬基病毒　　　　　　　　　　B. 火炬病毒

C. Rose 病毒　　　　　　　　　　D. 小球病毒

5. 下列关于引导性病毒的说法中，正确的有（   ）。

A. 系统开机时进入外存后控制系统

B. 包括主引导记录病毒和分区引导记录病毒

C. 主引导记录病毒感染硬盘的主引导区

D. 分区引导记录病毒感染硬盘的活动分区引导记录

6. 病毒主要通过（   ）等方式进行传播。

A. E-mail　　　　　　　　　　　B. 浏览网页

C. 下载软件　　　　　　　　　　D. 网络游戏

7. 下列关于防范计算机病毒措施的说法中，正确的有（   ）。

A. 使用正版软件
B. 经常重新安装操作系统
C. 经常升级杀毒软件
D. 在计算机上安装防火墙

8. 目前常用的杀毒软件有(　　)。

A. 瑞星杀毒软件　　　　　　　　B. 360 杀毒软件
C. 金山毒霸　　　　　　　　　　D. 百度杀毒软件

9. 系统漏洞是指程序在(　　)上存在的错误。

A. 设计　　　　　　　　　　　　B. 实现
C. 操作　　　　　　　　　　　　D. 修复

10. 防范计算机黑客的常用措施主要有(　　)。

A. 数据加密
B. 建立完善的访问控制策略
C. 身份认证
D. 制定相关法律、法规加以约束

11. 下列有关计算机黑客的说法中,正确的有(　　)。

A. 计算机黑客可以通过端口扫描攻击计算机系统
B. 计算机黑客是指通过计算机网络非法进入他人系统的计算机程序
C. 身份认证可以降低黑客攻击的可能性
D. 计算机黑客了解计算机系统的漏洞及其原因所在,可以窃取机密信息,毁坏某个信息系统

三、判断题

1. 离开电脑时间不长时,可以不退出会计软件。(　　)
2. 只要有新版本的会计软件,企业都应该对原有的会计软件进行升级。(　　)
3. 接收并打开被病毒感染的电子邮件及附件不会感染病毒。(　　)
4. 计算机病毒具有很强的潜伏性,病毒未发作时不易被发现,有的可以通过病毒软件检查出来,有的根本就查不出来,有的时隐时现、变化无常,这类病毒处理起来通常很困难。(　　)
5. 良性病毒是指那些只占有系统 CPU 资源,能够破坏系统数据,但不会使系统瘫痪的计算机病毒。(　　)
6. 防范计算机病毒最有效的方法是切断传播途径。(　　)
7. 使用杀毒软件可以检查和清除所有的病毒。(　　)
8. 干扰网络是黑客常用的手段。(　　)
9. 数据加密是防范黑客攻击的措施之一。(　　)

【本章习题必练】

一、单项选择题

1. 输入设备是指向计算机输入（　　）的设备，是计算机与用户或其他设备通信的桥梁。
   A. 文字和数据　　　　　　　　　　B. 数据和信息
   C. 数据和图形　　　　　　　　　　D. 文字和图形

2. （　　）一般用来完成原始凭证和单据的扫描，并将扫描结果存入会计软件相关数据库中。
   A. 键盘　　　　　　　　　　　　　B. 鼠标
   C. 扫描仪　　　　　　　　　　　　D. 打印机

3. 下列计算机部件中，负责从存储器中获取数据，经过计算并将数据返回存储器的是（　　）。
   A. 主机　　　　　　　　　　　　　B. 运算器
   C. 控制器　　　　　　　　　　　　D. 外存储器

4. （　　）是指计算机系统中具有记忆能力的部件，用来存放程序和数据。
   A. 运算器　　　　　　　　　　　　B. 存储器
   C. 控制器　　　　　　　　　　　　D. 输入/输出设备

5. 随机存储器（RAM）的特性是（　　）。
   A. 可读可写　　　　　　　　　　　B. 不读只写
   C. 只读不写　　　　　　　　　　　D. 断电后，数据不会消失

6. 下列关于存储器功能的说法中，正确的是（　　）。
   A. 内存储器也称辅助存储器
   B. 外存储器也称主存储器
   C. 外存储器存储容量比内存储器大得多
   D. 外存储器只能与CPU交换信息，不能被计算机系统的其他部件直接访问

7. 微型计算机的内部存储器比外部存储器（　　）。
   A. 读写速度快　　　　　　　　　　B. 价格便宜
   C. 存储容量大　　　　　　　　　　D. 存储可靠性高

8. 下列计算机设备中，（　　）是输出设备。
   A. 键盘　　　　　　　　　　　　　B. 打印机
   C. U盘　　　　　　　　　　　　　 D. 鼠标

9. 有多台微机，但每台微机都有相应的输入输出设备，每台微机仍属于单机结构，

各台微机不发生直接的数据联系,以上描述的是( )。

A. 单机结构 B. 多机松散结构
C. 多用户结构 D. 微机局域网络

10. 多机松散结构主要适用于( )企业。

A. 输入量小的 B. 输入量较大的
C. 输入量大的 D. 大中型

11. 多用户结构又称为联机结构,整个系统配备一台计算机主机,这台计算机通常是( ),目前也有较高档的微机。

A. 微型机 B. 小型机
C. 中型机 D. 大型机

12. 下列关于客户机/服务器结构的说法中,正确的是( )。

A. C/S结构模式下,服务器是实现会计软件功能的核心部分
B. C/S结构模式下,服务器安装专用的会计软件,负责会计数据的输入、运算和输出
C. C/S结构模式下,维护和升级方式简单
D. C/S结构模式下,系统客户端软件安装维护的工作量大,数据库的使用一般仅限于局域网的范围内

13. 下列软件中,属于系统软件的是( )。

A. 操作系统
B. 表格处理软件
C. 文字处理软件
D. 图形图像处理软件

14. ( )是最基本最重要的系统软件。

A. 操作系统 B. 数据库管理系统
C. 支撑软件 D. 语言处理程序

15. 下列关于操作系统的说法中,不正确的是( )。

A. 解决各类实际问题
B. 负责管理计算机系统的全部软件和硬件资源
C. 为用户提供操作界面和编程接口
D. 其他软件在操作系统提供的平台上运行

16. 下列关于数据库管理系统的叙述中,错误的是( )。

A. 数据库系统主要由数据库、数据库管理系统组成
B. 数据库是指按一定的方式组织起来的数据的集合
C. 数据库具有数据可共享的特点
D. 数据库具有数据冗余度大等特点

17. 语言处理程序不包括( )。
    A. 汇编程序   B. 解释程序
    C. 编写程序   D. 编译程序

18. 下列关于应用软件的说法中,不正确的是( )。
    A. 会计软件属于应用软件
    B. 应用软件用于管理和维护计算机资源
    C. 应用软件适用于特定的应用领域,可以由用户自己开发,也可以在市场上购买
    D. 应用软件是为解决各类实际问题而专门设计的软件

19. 局域网是一种在小区域内使用的,由多台计算机组成的网络,覆盖范围通常局限在( )千米范围之内。
    A. 0.1   B. 1
    C. 10   D. 100

20. 城域网的简称是( )。
    A. LAN   B. WAN
    C. MAN   D. ZAN

21. ( )是为公众提供各种信息服务的网络系统。
    A. 有线网   B. 公用网
    C. 同类网   D. 无线网

22. 下列关于服务器的说法中,正确的是( )。
    A. 服务器又称为用户工作站
    B. 服务器可以控制客户端计算机对网络资源的访问
    C. 没有服务器的网站用户同样可以进行浏览
    D. 服务器的硬件配置属于普通客户机

23. 目前( )已经广泛应用于各行各业,各种不同档次的产品已成为实现各种骨干网内部连接、骨干网间互联和骨干网与互联网互联互通业务的主力军。
    A. 中继器   B. 交换机
    C. 路由器   D. 服务器

24. ( )是计算机病毒的基本特征。
    A. 寄生性   B. 传染性
    C. 潜伏性   D. 危险性

25. 下列关于计算机病毒特点的描述中,正确的是( )。
    A. 电子邮件的收发不能进行计算机病毒的传染
    B. 病毒的潜伏性是指病毒未发作时不易被发现
    C. 病毒可以破坏电脑,造成电脑运行速度变慢、死机、蓝屏等问题
    D. 病毒的隐蔽性是指病毒在条件成熟时被触发

26. 计算机病毒不能通过( )传播。
   A. 电源　　　　　　　　　　　　B. 网络
   C. 软盘　　　　　　　　　　　　D. 硬盘

27. 适用于一般计算机用户,操作简单、使用方便地检测病毒方法是( )。
   A. 重装系统　　　　　　　　　　B. 人工检测
   C. 自动检测　　　　　　　　　　D. 购置新电脑

28. ( )是一种主动式攻击,它将网络上的某台计算机伪装成另一台不同的主机,目的是使网络中的其他计算机误将冒名顶替者当成原始的计算机而向其发送数据。
   A. 假登录程序　　　　　　　　　B. IP 嗅探
   C. 欺骗　　　　　　　　　　　　D. 攻击系统漏洞

二、多项选择题

1. 计算机硬件的功能包括( )。
   A. 输入　　　　　　　　　　　　B. 存储
   C. 数据加工　　　　　　　　　　D. 数据输出

2. 按功能划分,键盘总体可分为( )。
   A. 主键盘区　　　　　　　　　　B. 功能键区
   C. 数字键区　　　　　　　　　　D. 编辑控制键区

3. 中央处理器主要包括( )。
   A. 寄存器　　　　　　　　　　　B. 运算器
   C. 存储器　　　　　　　　　　　D. 控制器

4. 下列关于运算器功能的说法中,不正确的有( )。
   A. 作出逻辑判断
   B. 完成加减乘除运算
   C. 从存储器中取出指令
   D. 根据功能指令,向计算机有关部件发出控制命令

5. 常见的外存储器包括( )。
   A. 硬盘　　　　　　　　　　　　B. U 盘
   C. 光盘　　　　　　　　　　　　D. 键盘

6. 若计算机在工作过程中突然中断,则计算机( )中的信息不会丢失。
   A. ROM　　　　　　　　　　　　B. RAM
   C. ROM 和 RAM　　　　　　　　 D. 硬盘

7. 下列关于内存与外存的表述中,正确的有( )。
   A. 内存存取的速度比外存慢

B. 内存存取的速度比外存快

C. 内存和外存的存储容量无差别

D. 内存的存储容量小于外存的存储容量

8. 输出设备把各种计算结果的数据或信息以(　　)等形式表现出来。

　A. 字符　　　　　　　　　　　　　B. 声音

　C. 图像　　　　　　　　　　　　　D. 数字

9. 下列各项中,属于单机结构缺点的有(　　)。

　A. 使用简单、配置成本低

　B. 集中输入速度低

　C. 数据共享程度低

　D. 不能同时允许多个成员进行操作

10. 下列各项中,不属于多用户结构的优点的有(　　)。

　A. 配置成本低

　B. 输入输出集中程度高,速度快

　C. 使用简单

　D. 会计数据可以通过各终端分散输入,并集中存储和处理

11. 微机局域网络通常分为(　　)结构。

　A. C/S　　　　　　　　　　　　　B. B/S

　C. 单机　　　　　　　　　　　　　D. 多用户

12. 客户机/服务器结构模式下,客户端安装专用的会计软件,负责会计数据的(　　)。

　A. 输入　　　　　　　　　　　　　B. 运算

　C. 备份　　　　　　　　　　　　　D. 输出

13. 操作系统的功能包括(　　)。

　A. 提供面向应用程序的服务

　B. 对硬件直接监管

　C. 提供数据资料

　D. 管理各种计算机资源

14. 目前应用很少或已淘汰的操作系统有(　　)。

　A. OS/2　　　　　　　　　　　　　B. Netware

　C. DOS　　　　　　　　　　　　　D. Windows

15. 下列关于计算机操作系统的说法中,正确的有(　　)。

　A. 操作系统属于系统软件

　B. 操作系统可以对硬件直接监管,管理各种计算机资源以及提供面向应用程序的服务

C. 应用软件是为解决各类实际问题而专门设计的软件

D. Windows XP 是一种应用软件

16. 数据库系统的组成部分包括（　　）。

A. 数据库管理系统　　　　　　　　B. 数据库

C. 用户　　　　　　　　　　　　　　D. 硬件

17. 应用软件根据使用目的的不同可分为（　　）。

A. 支撑软件　　　　　　　　　　　B. 应用软件包

C. 用户程序　　　　　　　　　　　D. 语言处理程序

18. 下列关于应用软件的说法中，正确的有（　　）。

A. 是计算机系统必备的软件

B. 用于管理和维护计算机资源

C. 是为解决各类应用问题而专门设计的各种计算机软件

D. Word 和 Excel 都属于应用软件

19. 下列各项中，属于建立计算机网络目的的有（　　）。

A. 硬件资源共享　　　　　　　　　B. 软件资源共享

C. 数据资源共享　　　　　　　　　D. 数据通信

20. 计算机网络系统按通信媒体分为（　　）。

A. 有线网　　　　　　　　　　　　B. 无线网

C. 单服务器网　　　　　　　　　　D. 混合网

21. 服务器也称伺服器，能（　　）网络上大部分的会计数据和信息。

A. 输入　　　　　　　　　　　　　B. 处理

C. 存储　　　　　　　　　　　　　D. 输出

22. 路由器（Router）是连接因特网中各（　　）的设备，它会根据信道的情况自动选择和设定路由，以最佳路径，按前后顺序发送信号。

A. 局域网　　　　　　　　　　　　B. 城域网

C. 广域网　　　　　　　　　　　　D. 企业网

23. 计算机病毒是（　　）。

A. 一种计算机程序

B. 寄生在芯片上的一种细菌

C. 破坏计算机功能或数据的代码

D. 一种能够自我复制的特殊程序

24. 病毒可以破坏电脑，造成电脑（　　）等问题。

A. 死机　　　　　　　　　　　　　B. 蓝屏

C. 运行速度变慢　　　　　　　　　D. 没有明显变化

25. 下列关于良性病毒的说法中，正确的有（　　）。

A. 是恶作剧者的产物

B. 目的是为了破坏系统和数据

C. 造成系统瘫痪

D. 使用户看到病毒设计者的编程技术

26. 引导型病毒按照在硬盘上的寄生位置,分为（　　）记录病毒。

A. 外区引导

B. 内区引导

C. 主引导

D. 分区引导

27. 下列各项中,属于文件型病毒可以感染的文件的扩展名有（　　）。

A. com　　　　　　　　　　　B. doc

C. sys　　　　　　　　　　　D. txt

28. 下列说法中,属于感染计算机病毒的主要症状的有（　　）。

A. 系统启动时间比平时长,运行速度减慢

B. 系统不识别硬盘

C. 系统的蜂鸣器出现异常响声

D. 系统异常重新启动

29. 计算机病毒的检测方法通常包括（　　）。

A. 人工检测　　　　　　　　　B. 自动检测

C. 重装系统　　　　　　　　　D. 购置新电脑

30. 下列各项中,属于黑客常用的入侵手段的有（　　）。

A. 密码破解　　　　　　　　　B. 端口扫描

C. 攻击系统漏洞　　　　　　　D. IP嗅探与欺骗

31. 端口是指接口电路中的一些寄存器,这些寄存器分别用来存放（　　）信息。

A. 备份　　　B. 数据　　　C. 状态　　　D. 控制

32. 数据加密的目的是保护系统内的（　　）,同时也可以提高网上传输数据的可靠性。

A. 数据　　　　　　　　　　　B. 文件

C. 口令　　　　　　　　　　　D. 控制信息

三、判断题

1. 运算器是CPU中完成加、减、乘、除等算术运算的部件,而控制器则是完成与、或、非等逻辑运算的部件。（　）

2. CPU和RAM是计算机的外部设备。（　）

3. 主机箱内的存储器是内存储器。（　）

4．单机结构数据共享性能差，集中输入速度低，不能进行分布式处理。（　）

5．微机局域网络是由一台服务器将许多高档微机连接在一起，相互通信、共享资源，组成一个功能更强的计算机网络系统。（　）

6．与 B/S 架构相比，C/S 架构的最大优点是维护和升级方式简便，运行成本低。
（　）

7．系统软件是为了管理维护计算机资源而编制的程序和有关文档的总和，其中数据库管理系统最为重要，它是所有软件的核心。（　）

8．目前广泛使用的局域网操作系统应是管理信息系统。（　）

9．Access 是目前网络环境下常用的大型数据库管理系统。（　）

10．没有语言处理程序的支持，编写的应用软件就无法被计算机接受和执行。
（　）

11．应用软件是为解决各类实际问题而专门设计的各种计算机软件，文字处理和电子表格软件都属于应用软件。（　）

12．安装会计软件前要确保计算机的操作系统符合会计软件的运行要求，可事先对操作系统进行一些简单的配置，检查完操作系统后即可安装会计软件。（　）

13．安装畅捷通 T3 软件之前不需要安装数据库管理系统。（　）

14．计算机网络可以实现各计算机之间的数据传送，只能根据需要对这些数据进行集中管理。（　）

15．一个单位或部门内部网属于城域网。（　）

16．虽然广域网地理上的距离可以超过几千千米，但是信息并没有衰减得很严重。
（　）

17．交换机是网络连接设备。（　）

18．一个客户机可以向许多不同的服务器发出请求，一个服务器只能向一个客户机提供服务。（　）

19．在月末结账后，由于账簿和报表数据仍然存在会计软件中，故不需要打印备份。（　）

20．计算机病毒是一种自发产生的具有破坏性的程序。（　）

21．为防止硬盘上的会计数据遭到意外或被人为破坏，用户需要定期将硬盘数据备份到其他磁性介质上。（　）

22．病毒既要隐蔽又要维持杀伤力，它必须具有可触发性。（　）

23．恶性病毒可以删除计算机内的文件、破坏和盗取数据、格式化硬盘、使系统瘫痪。（　）

24．人工检测易普及，自动检测比较简单，一般用户都可以进行。（　）

25．IP 嗅探是一种主动式攻击，又叫网络监听。它通过改变网卡的操作模式来接收流经计算机的所有信息包，以便截取其他计算机的数据报文或口令。（　）

【分节习题必会】答案及解析

第一节　会计软件的硬件环境

一、单项选择题

1.【答案】　D

【解析】　硬件设备一般包括输入设备、处理设备、存储设备、输出设备和通信设备(网络电缆等)。

2.【答案】　C

【解析】　计算机常见的输入设备有键盘、鼠标、光电自动扫描仪、条形码扫描仪(又称扫码器)、二维码识读设备、POS机、芯片读卡器、语言输入设备、手写输入设备等。

3.【答案】　A

【解析】　键盘是用于操作设备运行的一种指令和数据输入装置,也指经过系统安排操作一台机器或设备的一组功能键。

4.【答案】　D

【解析】　中央处理器(CPU)是计算机主机的核心部件,主要功能是按照程序给出的指令序列,分析并执行指令。

5.【答案】　D

【解析】　存储设备是用于储存信息的设备,通常是将信息数字化后再利用电、磁或光学等方式的媒体加以存储。

6.【答案】　D

【解析】　外存储器简称外存或辅助存储器,一般存储容量较大,但数据存取速度较慢。会计软件中的各种数据一般存储在外存储器中。

7.【答案】　D

【解析】　内存储器即内存,分为随机存储器RAM(Random Access Memory)和只读存储器ROM(Read-Only Memory),一般容量较小,但数据存取速度较快。断电后,RAM的数据将消失。

8.【答案】　A

【解析】　在使用过程中突然断电,RAM中的信息会全部丢失,ROM依靠电池供电,所以关闭计算机电源,其中的信息不会丢失。外存储器只能与内存交换信息,不能被计算机系统的其他部件直接访问。

9.【答案】 A

【解析】 选项A,处理设备主要是指计算机主机。中央处理器(CPU)是计算机主机的核心部件,主要功能是按照程序给出的指令序列,分析并执行指令。

10.【答案】 A

【解析】 单机结构的优点在于使用简单、配置成本低,数据共享程度高,一致性好;缺点在于集中输入速度低,不能同时允许多个成员进行操作,并且不能进行分布式处理。

11.【答案】 B

【解析】 单机结构属于单用户工作方式,一台微机同一时刻只能一人使用,单机结构的优点在于使用简便、配置成本低,数据共享程度高,一致性好;缺点在于集中输入速度低,不能同时允许多个成员进行操作,并且不能进行分布式处理;适用于数据输入量小的企业。

12.【答案】 C

【解析】 多机松散结构是指有多台微机,但每台微机都有相应的输入输出设备,每台微机仍属单机结构,各台微机不发生直接的数据联系(通过磁盘、光盘、U盘、移动硬盘等传送数据)。

13.【答案】 C

【解析】 多用户结构又称为联机结构,整个系统配备一台计算机主机(通常是中型机,目前也有较高档的微机)和多个终端(终端由显示器和键盘组成)。

14.【答案】 A

【解析】 多机松散结构有多台微机,每台微机仍属于单机结构,各台微机不发生直接的数据联系,之间通过磁盘、光盘、U盘、移动硬盘等传送数据。多机松散结构的优点在于输入输出集中程度高,速度快;缺点在于数据共享性能差,系统整体效率低。选项C,是单机结构的优点,选项D,是多用户结构的缺点。

15.【答案】 B

【解析】 微机局域网络通常分为客户机/服务器结构和浏览器/服务器结构两种结构,主要适用于大中型企业。浏览器服务器结构的优点在于维护和升级方式简单,运行成本低。

16.【答案】 D

【解析】 客户机又称为用户工作站,是连接到服务器的计算机,能够享受服务器提供的各种资源和服务。会计人员通过客户机使用会计软件,因此客户机的性能也必须适应会计软件的运行要求。

二、多项选择题

1.【答案】 ABD

【解析】 计算机硬件是指计算机系统中由电子、机械和光电元件等组成的各种物理装置的总称。

2.【答案】 ABCD

【解析】 会计软件的硬件设备一般包括输入设备、处理设备、存储设备、输出设备和通信设备(网络电缆等)。选项 A 和选项 B,属于输入设备,选项 D,是输出设备。

3.【答案】 ABCD

【解析】 扫描仪通常被用于计算机外部仪器设备,通过捕获图像并将之转换成计算机可以显示、编辑、存储和输出的数字化输入设备。

4.【答案】 BCD

【解析】 控制器是发布命令的"决策机构",即完成协调和指挥整个计算机系统的操作;运算器的基本功能是完成对各种数据的加工处理,例如算术四则运算,与、或、求反等逻辑运算,算术和逻辑移位操作,比较数值等。选项 A,是运算器的功能。

5.【答案】 AB

【解析】 内存储器简称内存或主存,分为随机存储器 RAM(Random Access Memory)和只读存储器 ROM(Read-Only Memory)。

6.【答案】 CD

【解析】 ROM 和 RAM 属内存储器,软盘和硬盘属外存储器,内存储器与 CPU 直接连接,因此 CPU 能直接访问 ROM 和 RAM。

7.【答案】 BCD

【解析】 RAM 是内存储器,软盘、硬盘、光盘属外存储器,也称辅助存储器。

8.【答案】 CD

【解析】 常见的外存储器有硬盘、U 盘、光盘等。选项 A 和选项 B 中,RAM、ROM 是内存储器。

9.【答案】 CD

【解析】 计算机常见的输入设备有键盘、鼠标、光电自动扫描仪、条形码扫描仪(又称扫码器)、二维码识读设备、POS 机、芯片读卡器、语音输入设备、手写输入设备等。

10.【答案】 ABCD

【解析】 输出设备是计算机硬件系统的终端设备,用于接收计算机数据的输出显示、打印、声音、控制外围设备操作等。

11.【答案】 ABCD

【解析】 电算化会计信息系统中常见的硬件结构通常有单机结构、多机松散结构、多用户结构和微机局域网络四种形式。

12.【答案】 ABCD

【解析】 多机松散结构中每台微机都是单机结构,各台微机不发生直接的数据联系,可通过磁盘、光盘、U 盘、移动硬盘等传送数据。

13. 【答案】 ABC

【解析】 多用户结构又称为联机结构,整个系统配备一台计算机主机(通常是中型机,目前也有较高档的微机)和多个终端(终端由显示器和键盘组成)。主机与终端的距离较近(0.1千米左右),并为各终端提供虚拟内存,各终端可同时输入数据。

14. 【答案】 ABC

【解析】 选项D,B/S结构模式下,服务器是实现会计软件功能的核心部分,客户机上只需安装一个浏览器,用户通过浏览器向分布在网络上的服务器发出请求。

三、判断题

1. 【答案】 ×

【解析】 键盘一般用来完成会计数据或相关信息的输入工作;鼠标一般用来完成会计软件中的各种用户指令,选择会计软件各功能模块的功能菜单。

2. 【答案】 √

【解析】 通信设备包括有线通信设备和无线通信设备。

3. 【答案】 ×

【解析】 存储器的基本功能是在控制器的控制下按照指定地址存取各种信息。

4. 【答案】 ×

【解析】 实行会计电算化单位的会计资料一般存储在外存储器中,而不是主存储器中。

5. 【答案】 ×

【解析】 单机结构属于单用户工作方式,一台微机同一时刻只能一人使用。

6. 【答案】 √

【解析】 单机结构的缺点在于集中输入速度低,不能同时允许多个成员进行操作,并且不能进行分布式处理。单机结构适用于数据输入量小的企业。

7. 【答案】 ×

【解析】 本题描述的是多机松散结构的概念,不是多用户结构的概念。

8. 【答案】 ×

【解析】 客户机/服务器(C/S)结构是指整个系统配置一台或多台服务器以及大量客户机的体系结构。

第二节 会计软件的软件环境

一、单项选择题

1. 【答案】 A

【解析】 计算机软件是指在计算机上运行的各种程序及相应的各种文档

资料。

2.【答案】 D

【解析】 系统软件是用来控制计算机运行,管理计算机的各种资源,并为应用软件提供支持和服务的一类软件。

3.【答案】 B

【解析】 操作系统(Operating System)是指计算机系统中负责支撑应用程序的运行环境以及用户操作环境的系统软件,具有对硬件直接监管、管理各种计算机资源以及提供面向应用程序的服务等功能。

4.【答案】 C

【解析】 选项C,FTP是网络文件传输,是一种网络通信软件,不属于数据库管理系统。

5.【答案】 B

【解析】 会计软件是基于数据库系统的应用软件。

6.【答案】 B

【解析】 会计软件属于应用软件。选项C和选项D,都属于系统软件。

7.【答案】 D

【解析】 在安装会计软件前,技术支持人员必须首先确保计算机的操作系统符合会计软件的运行要求。

二、多项选择题

1.【答案】 ABD

【解析】 系统软件是用来控制计算机运行,管理计算机的各种资源,并为应用软件提供支持和服务的一类软件,通常包括操作系统、数据库管理系统、支撑软件和语言处理程序等。

2.【答案】 ACD

【解析】 目前比较通用性的操作系统有 Windows、UNIX、Linux 等。Lotus 是办公自动化系统,属于应用软件。

3.【答案】 ABCD

【解析】 网络操作系统除了实现单机操作系统全部功能外,还具备管理网络中的共享资源,实现用户通信以及方便用户使用网络等功能,是网络的心脏和灵魂。

4.【答案】 BCD

【解析】 数据库管理系统(Database Management System)是一种操作和管理数据库的大型软件,用于建立、使用和维护数据库。

5.【答案】 BD

【解析】 会计核算软件和企业管理软件属于应用软件。SQL Server 属于数据库管理系统,与操作系统同属于系统软件。

6.【答案】 ABCD

【解析】 应用软件包根据用途不同可分为文字处理软件、表格处理软件、图形图像软件、网络通信软件和统计软件等。

7.【答案】 ACD

【解析】 在安装会计软件之前,需做好三项工作:安装操作系统、安装数据库管理系统以及安装支撑软件。

三、判断题

1.【答案】 √

【解析】 计算机软件按用途和性能,可分为系统软件和应用软件两类。

2.【答案】 √

【解析】 操作系统是最基本、最重要的系统软件,已成为计算机系统必不可少的基本组成部分。它负责管理计算机系统的全部软件资源和硬件资源。

3.【答案】 ×

【解析】 数据库管理系统属于系统软件,除此之外,系统软件还包括操作系统、支撑软件和语言处理程序等。

4.【答案】 ×

【解析】 会计电算化软件属于应用软件,而不是系统软件。

5.【答案】 √

【解析】 高级语言是一种比较接近自然语言和数学表达式的计算机程序设计语言。一般用高级语言编写的程序称为"源程序",不能被计算机直接识别和运行,必须通过翻译程序翻译成机器指令序列后,才能被计算机识别和运行。

6.【答案】 ×

【解析】 应用软件(Application Software)是和系统软件相对应的,是用户可以使用的各种程序设计语言,以及用各种程序设计语言编制的应用程序的集合,是为解决各类实际问题而专门设计的软件。其可以由用户自己开发,也可以在市场上购买。

7.【答案】 ×

【解析】 会计软件属于用户程序,而不是应用软件包。

8.【答案】 √

【解析】 在安装会计软件之前,需做好三项工作:安装操作系统、安装数据库管理系统以及安装支撑软件。会计软件的正常运行需要某些支撑软件的辅助。因此,在设置完操作系统并安装完数据库管理系统后,技术支持人员应该安装计算机缺少的支撑软件。

9.【答案】 ✓

【解析】 在安装会计软件前,需做好三项工作:安装操作系统、安装数据库管理系统以及安装支撑软件。在确保计算机操作系统满足会计软件的运行要求,并安装完毕数据库管理软件和支撑软件后,技术支持人员方可开始安装会计软件,同时应考虑会计软件与数据系统的兼容性。

第三节　会计软件的网络环境

一、单项选择题

1.【答案】 B

【解析】 资源共享按照共享对象分为硬件资源共享、软件资源共享和数据资源共享。

2.【答案】 B

【解析】 城域网的作用范围是广域网与局域网之间的网络,其网络覆盖范围通常可以延伸到整个城市,借助通信光纤将多个局域网联通公用城市网络形成大型网络,使得不仅局域网内的资源可以共享,局域网之间的资源也可以共享。

3.【答案】 C

【解析】 广域网是一种远程网,涉及长距离的通信,覆盖范围可以是一个国家或多个国家,甚至整个世界。

4.【答案】 B

【解析】 按照覆盖的地理范围进行分类,计算机网络可以分为局域网、城域网和广域网三类,国际互联网(Internet)是广域网的一种,简称因特网。

5.【答案】 A

【解析】 中继器是网络物理层上面的连接设备,通过对数据信号的重新发送或者转发,来扩大网络传输的距离。

6.【答案】 D

【解析】 最常见的交换机是以太网交换机,其他常见的还有电话语音交换机、光纤交换机等。

7.【答案】 C

【解析】 路由器比交换机多了一个虚拟拨号功能,通过同一台路由器上网的电脑共用一个宽带账号,人员之间上网是相互影响的。

二、多项选择题

1.【答案】 ABC

【解析】 计算机网络是以硬件资源、软件资源和信息资源共享以及信息传递为目的,在统一的网络协议控制下,将地理位置分散的许多独立的计算机系统连接在一起所形成的网络。

2.【答案】 ACD

【解析】 计算机网络按照覆盖的地理范围划分,可分为广域网、局域网和城域网。

3.【答案】 ACD

【解析】 会计信息系统的网络组成部分包括服务器、客户机、网络连接设备。

4.【答案】 BCD

【解析】 网络连接设备是把网络中的通信线路连接起来的各种设备的总称,这些设备包括中继器、交换机和路由器等。

5.【答案】 ABC

【解析】 交换机主要是实现多人通过一根网线上网,但是上网是分别拨号的,各自使用自己的宽带,彼此之间上网没有影响。

三、判断题

1.【答案】 √

【解析】 计算机网络是现代计算机技术与通信技术相结合的产物,它是以硬件资源、软件资源、信息资源共享以及信息传递为目的,在统一的网络协议控制下,将地理位置分散的许多独立的计算机系统连接在一起所形成的网络。

2.【答案】 ×

【解析】 按照覆盖的地理范围划分,计算机网络可分为广域网、局域网和城域网三类。

3.【答案】 ×

【解析】 城域网是作用范围在广域网与局域网之间的网络,其网络覆盖范围通常可以延伸到整个城市。

4.【答案】 √

【解析】 因特网(Internet)是广域网的一种,被视为目前世界上最大的广域网。

5.【答案】 ×

【解析】 本题所描述的内容是服务器的概念,不是客户机。

6.【答案】 ×

【解析】 服务器的性能必须适应会计软件的运行要求,其硬件配置一般高于普通客户机。

7.【答案】 ×

【解析】 中继器适用于完全相同的两类网络的互联。

第四节 会计软件的安全

一、单项选择题

1.【答案】 D

【解析】 选项A、选项B和选项C,都属于安全使用会计软件的基本要求,不会威胁到会计软件的安全。

2.【答案】 C

【解析】 病毒可以事先潜伏在电脑中不发作,然后在某一时间集中大规模爆发。

3.【答案】 B

【解析】 计算机病毒可分为引导型病毒、文件病毒和网络病毒。

4.【答案】 D

【解析】 导致病毒感染的人为因素有:①不规范的网络操作,其主要途径包括浏览不安全网页、下载被病毒感染的文件或软件,接收被病毒感染的电子邮件、使用即时通信工具等;②使用被病毒感染的磁盘,使用来历不明的硬盘和U盘,容易使计算机感染病毒。

5.【答案】 B

【解析】 选项B,应该谨慎下载与接收网络上的文件和电子邮件,而不是拒绝下载与接收网络上的文件和电子邮件。

6.【答案】 B

【解析】 黑客通常采用的密码破解攻击方式有字典攻击、假登录程序、密码探测程序等,主要目的是获取系统或用户的口令文件。

二、多项选择题

1.【答案】 ABCD

【解析】 常见的非规范化操作包括密码与权限管理不当、会计档案保存不当、未按照正常操作规范运行软件等。这些操作可能威胁会计软件的安全运行。

2.【答案】 ABCD

【解析】 计算机中毒后,可能会导致正常的程序无法运行,把计算机内的文件删除或受到不同程度的损坏,通常表现为:增、删、改、移。

3.【答案】 BC

【解析】 按计算机病毒的破坏能力分为良性病毒和恶性病毒;按计算机病毒存在的方式分为引导型病毒、文件病毒和网络病毒。

4.【答案】 ACD

【解析】 小球病毒、1575/1591病毒、救护车病毒、扬基病毒、Dabi病毒、Rose病毒等属于良性病毒。选项B,属于恶性病毒。

5.【答案】 BCD

【解析】 引导型病毒是在系统开机时进入内存后控制系统,进行病毒传播和破坏活动的病毒。主引导记录病毒感染硬盘的主引导区,分区引导记录病毒感染硬盘的活动分区引导记录。选项A,系统开机时进入内存后控制系统,而不是外存后控制系统。

6.【答案】 ABCD

【解析】 网络病毒是通过计算机网络传播感染网络中的可执行文件的病毒。这种病毒主要通过电子邮件、下载软件、浏览网页、P2P技术和网络游戏等方式进行传播。

7.【答案】 ACD

【解析】 重装系统后一般可以清除系统分区里的病毒,但如果非系统分区如D、E、F等盘的文件感染了病毒,那重装后病毒依然存在。

8.【答案】 ABCD

【解析】 杀毒软件是一种可以对病毒、木马等一切已知的对计算机有危害的程序代码进行清除的程序工具。目前常用的杀毒软件有360杀毒软件、瑞星杀毒软件、百度杀毒软件、金山毒霸、卡巴斯基等。

9.【答案】 ABC

【解析】 系统漏洞是指程序在设计、实现和操作上存在的错误。黑客利用这些漏洞攻击网络中的目标计算机。

10.【答案】 ABCD

【解析】 防范黑客的措施有:①制定相关法律、法规加以约束;②数据加密;③身份认证;④建立完善的访问控制策略。

11.【答案】 ACD

【解析】 选项B,计算机黑客是指通过网络非法进入他人系统的计算机入侵者。

三、判断题

1.【答案】 ×

【解析】 严格管理账套使用权限注意的问题:在使用会计软件时,用户应该对账套使用权限进行严格管理,防止数据外泄;用户不能随便让他人使用电脑;在离开电脑时,必须立即退出会计软件,以防止他人偷窥系统数据。

2.【答案】 ×

【解析】 要严格管理软件版本升级,经过对比审核,如果新版软件更能满足实际需要,企业应该对其进行升级。

3. 【答案】 ×

【解析】 接收并打开被病毒感染的电子邮件及附件可以感染病毒。

4. 【答案】 ×

【解析】 隐蔽性是指计算机病毒进入系统并开始破坏数据的过程,不容易被用户发现。

5. 【答案】 ×

【解析】 良性病毒是指那些只占有系统CPU资源,但不破坏系统数据,不会使系统瘫痪的计算机病毒。

6. 【答案】 √

【解析】 防范计算机病毒最有效的方法是切断传播途径。

7. 【答案】 ×

【解析】 杀毒软件也需要经常升级,并不是能够检查和清除所有的病毒。

8. 【答案】 ×

【解析】 黑客常用的手段有密码破解、IP嗅探与欺骗、攻击系统漏洞和端口扫描等。

9. 【答案】 √

【解析】 防范黑客的措施主要包括制定相关法律、法规加以约束、数据加密、身份认证、建立完善的访问控制策略、及时下载并安装系统软件。

【本章习题必练】答案及解析

一、单项选择题

1. 【答案】 B

   【解析】 输入设备是指向计算机输入数据和信息的设备,是计算机与用户或其他设备通信的桥梁。

2. 【答案】 C

   【解析】 扫描仪一般用来完成原始凭证和单据的扫描,并将扫描结果存入会计软件相关数据库中。

3. 【答案】 B

   【解析】 运算器不断从存储器中获取数据,经运算后将计算结果再返回存储器。

4. 【答案】 B

   【解析】 存储器是指计算机系统中具有记忆能力的部件,用来存放程序和数据。

5.【答案】 A

【解析】 随机存取存储器RAM中的信息可以随时读出和写入,用来存放计算机工作时所需要的程序和数据。断电后,RAM的数据将会消失。

6.【答案】 C

【解析】 内存储器即内存;外存储器只能与内存交换信息,不能被计算机的其他部件直接访问;外存储器也称辅助存储器。

7.【答案】 A

【解析】 内存储器一般容量较小,但数据存取速度较快;外存储器一般存储容量较大,但数据存取速度较慢。

8.【答案】 B

【解析】 计算机常见的输出设备有显示器和打印机。选项A和选项D,是输入设备,选项C,是存储设备。

9.【答案】 B

【解析】 多机松散结构是指有多台微机,但每台微机之间是单机结构,都有相应的输入输出设备,每台微机仍属单机结构,各台微机不发生直接的数据联系。

10.【答案】 B

【解析】 多机松散结构主要适用于输入量较大的企业。

11.【答案】 C

【解析】 多用户结构又称为联机结构,整个系统配备一台计算机主机(通常是中型机,目前也有较高档的微机)和多个终端(终端由显示器和键盘组成)。

12.【答案】 C

【解析】 选项A,在B/S结构模式下,服务器是实现会计软件功能的核心部分;选项B,C/S结构模式下,客户端安装专用的会计软件,负责会计数据的输入、运算和输出;选项D,B/S结构模式,维护和升级方式简单。

13.【答案】 A

【解析】 系统软件包括操作系统、语言处理程序、数据库管理系统和支撑软件。文字处理软件、表格处理软件和图形图像处理软件都属于应用软件。

14.【答案】 A

【解析】 操作系统是最基本最重要的系统软件。

15.【答案】 A

【解析】 选项A,应用软件解决各类实际问题,而不是操作系统。

16.【答案】 D

【解析】 数据库是指按一定的方式组织起来的数据的集合,它具有数据冗余度小、可共享等特点。数据库管理系统是一种操作和管理数据库的大型软件。数据库系统主要由数据库、数据库管理系统组成。

17. 【答案】 C

　　【解析】 语言处理程序包括汇编程序、解释程序和编译程序等。

18. 【答案】 B

　　【解析】 用于管理和维护计算机资源的是系统软件,而不是应用软件。

19. 【答案】 C

　　【解析】 局域网是一种在小区域内使用的、由多台计算机组成的网络,覆盖范围通常局限在10千米范围之内,属于一个单位或部门组建的小范围网。

20. 【答案】 C

　　【解析】 按照覆盖的地理范围进行分类。计算机网络可以分为局域网(LAN)、城域网(MAN)和广域网(WAN)三类。

21. 【答案】 B

　　【解析】 公用网是为公众提供各种信息服务的网络系统。

22. 【答案】 B

　　【解析】 服务器可以侦听网上的其他计算机提交的服务请求,并提供相应的服务,控制客户端计算机对网络资源的访问。服务器的性能必须适应会计软件的运行要求,其硬件配置一般高于普通客户机。客户机又称为用户工作站,服务器又称伺服器。

23. 【答案】 C

　　【解析】 目前路由器已经广泛应用于各行各业,各种不同档次的产品已成为实现各种骨干网内部连接、骨干网间互联和骨干网与互联网互联互通业务的主力军。

24. 【答案】 B

　　【解析】 传染性是病毒的基本特征,病毒可以通过不同途径传播,一旦病毒被复制或产生变种,其速度之快令人难以预防。

25. 【答案】 C

　　【解析】 选项A,是计算机病毒的传染性,计算机病毒的传染可以通过电子邮件的收发进行;选项B,是计算机病毒的隐蔽性,不是潜伏性;选项C,是计算机病毒的破坏性;选项D,是计算机病毒的潜伏性。

26. 【答案】 A

　　【解析】 导致病毒感染的人为因素:①不规范的网络操作,其主要途径包括浏览不安全网页、下载被病毒感染的文件或软件,接收被病毒感染的电子邮件、使用即时通信工具等。②使用被病毒感染的磁盘,主要方式为使用来历不明的硬盘和U盘。

27. 【答案】 C

　　【解析】 计算机病毒的检测方法通常有两种:①人工检测:这种方法需要检测者熟悉机器指令和操作系统,因而不易普及;②自动检测:比较简单,一般用户都可以进行。

28.【答案】 C

【解析】 欺骗是一种主动式攻击,它将网络上的某台计算机伪装成另一台不同的主机,目的是使网络中的其他计算机误将冒名顶替者当成原始的计算机而向其发送数据。

二、多项选择题

1.【答案】 ABC

【解析】 计算机硬件的功能是输入并存储程序和数据,以及执行程序把数据加工成可以利用的形式。

2.【答案】 ABCD

【解析】 按功能划分,键盘总体上可分为四个大区:主键盘区、功能键区、编辑控制键区和数字键区。

3.【答案】 BD

【解析】 中央处理器主要包括运算器和控制器。

4.【答案】 CD

【解析】 运算器是指在控制器控制下完成算术运算和逻辑运算的计算机部件。从存储器中获取指令,以及向计算机有关部件发出控制命令,都是控制器的功能。

5.【答案】 ABC

【解析】 常见的外存储器有硬盘、U 盘、光盘等。

6.【答案】 AD

【解析】 RAM 依靠计算机电源供电,当计算机断电时,RAM 中的信息会完全丢失。ROM 依靠电池供电,所以即使关闭计算机电源,ROM 中的信息也不会丢失。

7.【答案】 BD

【解析】 计算机的存储设备包括内存储器和外存储器。内存储器一般容量较小,但数据存取速度较快;外存储器一般存储容量较大,但数据存取速度较慢。

8.【答案】 ABCD

【解析】 输出设备把各种计算结果数据或信息以数字、字符、图像、声音等形式表现出来。

9.【答案】 BD

【解析】 单机结构的缺点在于集中输入速度低不能同时允许多个成员进行操作,并且不能进行分布式处理。

10.【答案】 ABC

【解析】 选项 A 和选项 C,是单机结构的优点,选项 B,是多机松散结构的优点。

11.【答案】 AB

【解析】 微机局域网络通常分为客户机/服务器(C/S)结构和浏览器/服务器(B/S)结构两种结构。

12.【答案】 ABD

【解析】 客户机/服务器结构模式下,客户端安装专用的会计软件,负责会计数据的输入、运算和输出。

13.【答案】 ABD

【解析】 操作系统(Operating System)是指计算机系统中负责支撑应用程序的运行环境以及用户操作环境的系统软件,具有对硬件直接监管、管理各种计算机资源以及提供面向应用程序的服务等功能。

14.【答案】 ABC

【解析】 选项D,Windows操作系统是目前广泛使用的操作系统。

15.【答案】 ABC

【解析】 选项D,Windows XP是一种操作系统,是系统软件,而不是应用软件。

16.【答案】 ABCD

【解析】 数据库系统主要由数据库、数据库管理系统组成,此外还包括应用程序、硬件和用户。

17.【答案】 BC

【解析】 应用软件根据使用目的的不同可分为应用软件包和用户程序。

18.【答案】 CD

【解析】 应用软件是在硬件和系统软件的支持下,为解决各类具体应用问题而专门设计的软件。选项A和选项C,是系统软件。

19.【答案】 ABCD

【解析】 计算机网络的功能主要体现在资源共享、数据通信、分布处理等三个方面。资源共享按照共享对象分为硬件资源共享、软件资源共享和数据资源共享。

20.【答案】 AB

【解析】 计算机网络系统按照通信媒体分为有线网和无线网。

21.【答案】 BC

【解析】 服务器也称伺服器,是网络环境中的高性能计算机,它侦听网络上的其他计算机(客户机)提交的服务请求,并提供相应的服务,控制客户端计算机对网络资源的访问,并能存储、处理网络上大部分的会计数据和信息。

22.【答案】 AC

【解析】 路由器(Router)是连接因特网中各局域网、广域网的设备,它会根据信道的情况自动选择和设定路由,以最佳路径,按前后顺序发送信号。

23.【答案】 ACD

【解析】 计算机病毒是指编制者在计算机程序中插入的破坏计算机功能或数据,影响计算机使用,并且能够自我复制的一组计算机指令或程序代码。

24.【答案】 ABC

【解析】 病毒可以破坏电脑,造成电脑运行速度变慢、死机、蓝屏等问题。

25.【答案】 AD

【解析】 良性病毒多数是恶作剧者的产物,目的不是为了破坏系统和数据,而是为了让使用染有病毒的计算机用户通过显示器或扬声器看到或听到病毒设计者的编程技术。

26.【答案】 CD

【解析】 按照引导型病毒在硬盘上的寄生位置又可细分为主引导记录病毒和分区引导记录病毒。主引导记录病毒感染硬盘的主引导区,分区引导记录病毒感染硬盘的活动分区引导记录。

27.【答案】 AC

【解析】 属于文件病毒可以感染的文件的扩展名有 com、exe、sys、drv、bin、ovl。

28.【答案】 ABCD

【解析】 当计算机感染病毒时,系统会表现出一些异常症状,四个选项均为计算机感染病毒的表现症状。

29.【答案】 AB

【解析】 计算机病毒的检测方法通常有人工检测和自动检测两种。

30.【答案】 ABCD

【解析】 黑客常用的手段包括密码破解、IP 嗅探与欺骗、攻击系统漏洞和端口扫描。

31.【答案】 BCD

【解析】 端口是指接口电路中的一些寄存器,这些寄存器分别用来存放数据信息、控制信息和状态信息,相应的端口分别称为数据端口、控制端口和状态端口。

32.【答案】 ABCD

【解析】 数据加密的目的是保护系统内的数据、文件、口令和控制信息,同时也可以提高网上传输数据的可靠性。

三、判断题

1.【答案】 ×

【解析】 运算器是指在控制器控制下完成加减乘除运算和逻辑判断的计算机部件。

2. 【答案】 ×

   【解析】 CPU属于处理设备,RAM和ROM属于存储设备。

3. 【答案】 ×

   【解析】 计算机由于结构紧凑,通常将硬盘、光驱、软驱等存储器安装在主机箱中,但它们都属于外部存储器。

4. 【答案】 ×

   【解析】 单机结构其缺点在于集中输入速度低,不能同时允许多个成员进行操作,并且不能进行分布式处理,多机松散结构缺点在于数据共享性能差,系统整体效率低。

5. 【答案】 ×

   【解析】 微机局域网络是由一台服务器(通常是高档微机)将许多中低档微机连接在一起,相互通信、共享资源,组成一个功能更强的计算机网络系统。

6. 【答案】 ×

   【解析】 与客户机/服务器(C/S)架构相比,浏览器/服务器(B/S)架构的最大优点是维护和升级方式简单,运行成本低。

7. 【答案】 ×

   【解析】 系统软件的核心是操作系统。

8. 【答案】 ×

   【解析】 目前广泛使用的局域网操作系统是Windows系统。

9. 【答案】 √

   【解析】 Access属于目前常用的数据库管理系统,除此之外,还有Oracle、Sybase、VisualFoxPro、Informix、SQLServer等。

10. 【答案】 √

    【解析】 没有语言处理程序的支持,用户编写的应用软件就无法被计算机接受和执行。

11. 【答案】 √

    【解析】 应用软件是在硬件和系统软件的支持下,为解决各类实际问题而专门设计的软件。计算机用户常用的文字处理软件、表格处理软件、游戏软件等,都是应用软件。

12. 【答案】 √

    【解析】 在安装会计软件前,技术支持人员必须首先确保计算机操作系统符合会计软件的运行要求。某些情况下,技术支持人员应该事先对操作系统进行一些简单的配置,以确保会计软件能够正常运行。

13. 【答案】 ×

    【解析】 安装畅捷通T3软件之前,需要先安装SQL Server 2000作为后台数据库。

14. 【答案】 ×

【解析】 计算机网络可以实现各计算机之间的数据传送,可以根据需要对这些数据进行集中与分散管理。

15. 【答案】 ×

【解析】 局域网覆盖范围通常局限在10千米范围之内,属于一个单位或部门组建的小范围网。

16. 【答案】 ×

【解析】 由于广域网地理上的距离可以超过几千千米,所以信息衰减非常严重,这种网络一般要租用专线,通过接口信息处理协议和线路连接起来,构成网状结构,解决寻径问题。

17. 【答案】 √

【解析】 网络连接设备是把网络中的通信线路连接起来的各种设备的总称,这些设备包括中继器、交换机和路由器等。

18. 【答案】 ×

【解析】 客户机是一个需要某些服务的程序,而服务器则是提供某些服务的程序。一个客户机可以向许多不同的服务器发出请求,一个服务器也可以向多个不同的客户机提供服务。

19. 【答案】 ×

【解析】 定期打印备份重要的账簿和报表数据注意的问题:为防止硬盘上的会计数据遭到意外或被人为破坏,用户需要定期将硬盘数据备份到其他磁性介质上(如U盘、光盘等);在月末结账后,对本月重要的账簿和报表数据还可以打印备份。

20. 【答案】 ×

【解析】 计算机病毒是一种人为特制的具有破坏性的程序。

21. 【答案】 √

【解析】 为防止硬盘上的会计数据遭到意外或被人为破坏,用户需要定期将硬盘数据备份到其他磁性介质上(如U盘、光盘等)。在月末结账后,对本月重要的账簿和报表数据还可以打印备份。

22. 【答案】 √

【解析】 病毒既要隐蔽又要维持杀伤力,它必须具有可触发性。

23. 【答案】 √

【解析】 恶性病毒可以破坏系统数据,会使系统瘫痪。

24. 【答案】 ×

【解析】 人工检测不易普及,自动检测比较简单,一般用户都可以进行。

25. 【答案】 ×

【解析】 IP嗅探是一种被动式攻击,而不是主动式攻击。

第三章 会计软件的应用

【本章学习知识体系】

- 会计软件的应用
  - 会计软件的应用流程
    - 系统初始化（★★★）
    - 日常处理（★★★）
    - 期末处理（★★）
    - 数据管理（★★）
  - 系统级初始化
    - 创建账套并设置相关信息（★★★）
    - 管理用户并设置权限（★★★）
    - 设置系统公用基础信息（★★★）
  - 账务处理模块的应用
    - 账务处理模块初始化工作（★★★）
    - 账务处理模块日常处理（★★★）
    - 账务处理模块期末处理（★★★）
  - 固定资产管理模块的应用
    - 固定资产管理模块初始化工作（★★★）
    - 固定资产管理模块日常处理（★★★）
    - 固定资产管理模块期末处理（★★★）
  - 工资管理模块的应用
    - 工资管理模块初始化工作（★★★）
    - 工资管理模块日常处理（★★★）
    - 工资管理模块期末处理（★★★）
  - 应收管理模块的应用
    - 应收管理模块初始化工作（★★★）
    - 应收管理模块日常处理（★★★）
    - 应收管理模块期末处理（★★★）
  - 应付管理模块的应用
    - 应付管理模块初始化工作（★★★）
    - 应付管理模块日常处理（★★★）
    - 应付管理模块期末处理（★★★）
  - 报表管理模块的应用
    - 报表数据来源（★★）
    - 报表管理模块应用基本流程（★★）
    - 利用报表模板生成报表（★★★）

【分节习题必会】

第一节　会计软件的应用流程

一、单项选择题

1. 将通用的会计软件转变为满足特定企业需要的系统,作为会计软件运行的基础是(　　)。

    A. 系统管理　　　　　　　　B. 系统初始化
    C. 日常处理　　　　　　　　D. 期末处理

2. 下列各项中,不属于会计软件日常处理业务的是(　　)。

    A. 凭证录入　　　　　　　　B. 凭证审核
    C. 凭证记账　　　　　　　　D. 基础档案设置

二、多项选择题

1. 会计软件的应用流程一般包括(　　)等环节,每个环节又包含各自的内容。

    A. 系统初始化　　　　　　　B. 系统标准化
    C. 日常处理　　　　　　　　D. 期末处理

2. 会计软件的模块包括(　　)模块。

    A. 账务处理　　　　　　　　B. 工资管理
    C. 应收管理　　　　　　　　D. 报表管理

3. 下列关于日常处理工作的说法中,正确的有(　　)。

    A. 输入的数据量大　　　　　B. 业务重复发生
    C. 业务发生频繁　　　　　　D. 业务金额不尽相同

4. 数据备份主要包括(　　)备份。

    A. 凭证　　　　　　　　　　B. 年度账
    C. 账套　　　　　　　　　　D. 报表

三、判断题

1. 系统初始化将对系统的后续运行产生重要影响,因此系统的初始化工作必须完整且尽量满足企业的需求。　　　　　　　　　　　　　　　　　　　　　　　(　　)

2. 期末处理具有较为固定的业务处理流程,需要输入的数据量大,业务可以由计

算机自动完成。 （ ）

3. 数据还原与数据备份是一个相同的过程。 （ ）

第二节　系统级初始化

一、单项选择题

1. 创建账套时,其账套信息应包括(　　)。
   A. 用户信息　　　　　　　　B. 会计制度
   C. 账套性质　　　　　　　　D. 账套参数

2. 在会计电算化实务中,(　　)具有设置操作员和账套主管以及建立账套等操作权限。
   A. 操作员　　　　　　　　　B. 审核人员
   C. 维护人员　　　　　　　　D. 系统管理人员

3. 会计电算化环境下的财务分工实现的基础是会计软件的用户管理功能与(　　)功能。
   A. 维护审批手续　　　　　　B. 数据备份
   C. 数据还原　　　　　　　　D. 操作权限设置

4. 若凭证类别只设置一种,通常为(　　)。
   A. 现金凭证　　　　　　　　B. 银行凭证
   C. 记账凭证　　　　　　　　D. 收款凭证

5. 在账务处理模块中,若凭证类型分为收、付、转三种,则凭证字为"转"类凭证可接受(　　)的分录。
   A. 贷方科目为"库存现金""银行存款"
   B. 借方科目为"库存现金""银行存款"
   C. 借、贷方科目为"库存现金""银行存款"
   D. 借、贷方科目为非"库存现金""银行存款"

6. 下列各项中,不属于会计科目设置内容的是(　　)。
   A. 余额方向　　　　　　　　B. 科目余额
   C. 是否辅助核算　　　　　　D. 是否外币核算

7. 在会计软件中,能唯一确定被标识的对象是(　　)。
   A. 编码　　　　　　　　　　B. 名称
   C. 助记码　　　　　　　　　D. 分类

8. 在账务处理系统中,建立会计科目的顺序是先建(　　)科目。
   A. 明细　　　　　　　　　　B. 一级

C. 二级 D. 任意

9. 当会计科目有数量核算时,账簿格式设置为( )。
   A. 普通两栏式 B. 普通三栏式
   C. 数量金额式 D. 外币金额式

10. 辅助核算要设置在( )会计科目上。
    A. 一级 B. 二级
    C. 末级 D. 总账

11. 下列说法中,正确的是( )。
    A. 增加会计科目时,应遵循自下而上的顺序
    B. 删除会计科目时,应遵循自上而下的顺序
    C. 增加的会计科目编码必须遵循会计科目编码方案
    D. 已经使用的会计科目可以进行删除

二、多项选择题

1. 所谓系统初始化是指企业( )等业务的基础资料设置。
   A. 工资 B. 固定资产
   C. 财务 D. 购销存

2. 在会计软件中,系统管理员不能进行的操作是( )。
   A. 账套建立 B. 清除异常任务
   C. 账套修改 D. 设置自动备份计划

3. 下列关于账套主管的说法中,正确的有( )。
   A. 账套主管是由系统管理员设定的
   B. 一个账套可以不设定账套主管
   C. 一个账套可以设定多个账套主管
   D. 账套主管自动拥有该账套的所有权限

4. 设置基础档案是后续进行具体核算、数据分类、汇总的基础,其内容一般包括设置企业( )等。
   A. 部门档案 B. 客户信息
   C. 外币设置 D. 凭证类别

5. 往来单位包括( )两种类型。
   A. 债权人 B. 债务人
   C. 供应商 D. 客户

6. 在账务系统中,对结算方式进行设置的目的主要包括( )。
   A. 便于对票据管理
   B. 便于进行银行对账

C. 便于进行记账

D. 便于进行编号

7. 在会计软件中,系统通常提供的限制条件包括( )、无限制等。

A. 借方必有 B. 贷方必有

C. 凭证必有 D. 凭证必无

8. 通常在设置外币时,需要输入的信息有( )。

A. 币名 B. 币符

C. 折算方式 D. 固定汇率

9. 对会计科目编码时,一般应遵循的原则有( )。

A. 唯一性 B. 统一性

C. 连续性 D. 扩展性

10. 在财务软件中,建立会计科目时,输入的基本内容应包括( )。

A. 科目编码 B. 科目名称

C. 科目类型 D. 账页格式

11. 会计科目的辅助核算包括( )。

A. 部门核算 B. 往来核算

C. 明细账核算 D. 项目核算

三、判断题

1. 一个账套只能保存一个会计核算对象的业务资料,这个核算对象只能是企业的一个分部,不能是整个企业集团。（ ）

2. 系统初始化的部分设置可以在系统使用后进行修改。（ ）

3. 账套号是区别不同账套的唯一标识。（ ）

4. 进行权限设置后,用户不能进行没有权限的操作,但一般可以查看没有权限的数据。（ ）

5. 职员档案主要用于本单位职员的个人信息资料,设置职员档案可以方便地进行个人往来核算和管理等操作。（ ）

6. 输入客户档案时,不用选择客户分类,可直接输入客户档案。（ ）

7. 设置客户信息的目的也是为了方便企业对采购、应付账款等进行管理。（ ）

8. 间接汇率法是以一个单位的外国货币为标准来计算应付多少单位本国货币,计算方法为:原币×汇率＝本位币。（ ）

9. 设置会计科目是填制会计凭证、记账、编制报表等各项工作的基础。（ ）

10. 删除会计科目时,应先删除上一级科目,然后再删除本级科目。（ ）

11. 已有余额的科目不能直接删除。（ ）

第三节 账务处理模块的应用

一、单项选择题

1. 期初余额录入是将手工会计资料录入计算机的过程之一。余额和累计发生额的录入要从（　　）科目开始。
   A. 一级　　　　　　　　　　　　B. 二级
   C. 三级　　　　　　　　　　　　D. 最末级

2. 账务系统中,记账凭证（　　）。
   A. 编号必须连续　　　　　　　　B. 由计算机自动编号
   C. 如果分类,应分类编号　　　　D. 以上全部

3. 在账务处理系统中,凭证的无痕迹修改只能在（　　）前进行。
   A. 审核　　　B. 记账　　　C. 结账　　　D. 打印

4. 下列关于记账操作的说法中,错误的是（　　）。
   A. 未经审核的凭证也可记账
   B. 记账工作由计算机自动进行数据处理
   C. 记账一般采用向导方式,使记账过程更加明确
   D. 第一次记账时,若期初余额试算不平衡,不能记账

5. 在计算机账务处理系统中,记账后的凭证发现错误应采用（　　）的方式进行修改。
   A. 直接修改　　　　　　　　　　B. 重新编制正确的凭证
   C. 删除凭证　　　　　　　　　　D. 红字冲销或补充登记

6. 银行对账单录入内容一般不包括（　　）。
   A. 结算方式　　　　　　　　　　B. 业务摘要
   C. 结算单据字号　　　　　　　　D. 借方发生额

7. 系统进行自动对账的基本条件是（　　）。
   A. 业务发生日期相同　　　　　　B. 结算方式相同
   C. 结算票号相同　　　　　　　　D. 发生金额相同

8. 下列关于结账操作的说法中,错误的是（　　）。
   A. 结账后,不能输入凭证
   B. 结账只能由有结账权限的人进行
   C. 本月还有未记账的,本月不能结账
   D. 结账必须按月连续进行,上月未结账,则本月不能结账

9. 使用总账系统时,正确的处理过程是（　　）。

A. 输入凭证→审核凭证→出纳签字→登记账簿→查询账簿
B. 输入凭证→出纳签字→登记账簿→查询账簿→审核凭证
C. 输入凭证→出纳签字→审核凭证→登记账簿→查询账簿
D. 出纳签字→审核凭证→输入凭证→查询账簿→登记账簿

二、多项选择题

1. 账务处理模块是在建立会计科目（账户）体系的基础上，以输入凭证为起点，经过系列加工处理，完成记账、结账以及对账工作，输出各种（　　）。
    A. 总分类账   B. 日记账
    C. 明细账   D. 辅助账

2. 输入会计核算所必需的期初数据及有关资料，包括总分类会计科目和明细分类会计科目的（　　）。
    A. 年初数   B. 累计发生额
    C. 属性   D. 编号

3. 下列关于期初余额的说法中，正确的有（　　）。
    A. 红字余额应输入负号
    B. 所有科目都必须输入期初余额
    C. 如果已经记过账，则还可修改期初余额
    D. 期初余额试算不平衡，不能记账，但可以填制凭证

4. 记账凭证所包含的内容有（　　）。
    A. 凭证类别   B. 制单日期
    C. 会计科目   D. 发生金额

5. 填制凭证时，确定科目的办法有（　　）。
    A. 可选择输入   B. 可输入科目代码
    C. 可输入科目名称   D. 可输入助记码

6. 在凭证实时校验时，系统会对凭证内容的合法性进行校验。校验的内容包括（　　）。
    A. 会计科目是否为末级科目
    B. 凭证必填内容是否填写完整
    C. 会计科目是否存在
    D. 会计科目是否符合凭证的类别限制条件

7. 下列关于凭证修改的说法中，正确的有（　　）。
    A. 未审核的记账凭证，可以直接修改
    B. 已审核的凭证先取消审核再进行修改
    C. 已记账的凭证可采用红字冲销法进行更正

D. 已记账凭证可采用补充凭证法进行更正

8. 在系统中需要进行出纳签字的收、付款凭证有（　　）。

　　A. 转账凭证

　　B. 所有记账凭证

　　C. 未进行出纳签字的收付款凭证

　　D. 之前取消出纳签字的收付款凭证

9. 下列操作中，不能由计算机自动进行的有（　　）。

　　A. 凭证输入　　　　　　　　　　　B. 凭证审核

　　C. 记账过程　　　　　　　　　　　D. 结账过程

10. 在"凭证列表"窗口中，可以通过在"查询"文本框中输入（　　）关键字来查询符合条件的凭证。

　　A. 凭证字号　　　　　　　　　　　B. 日期

　　C. 摘要　　　　　　　　　　　　　D. 科目

11. 出纳管理的主要工作包括（　　）。

　　A. 库存现金日记账、银行存款日记账的管理

　　B. 资金日报表的管理

　　C. 支票的管理

　　D. 银行对账并输出银行存款余额调节表

12. 支票管理功能主要包括支票的（　　）。

　　A. 购置　　　　　　　　　　　　　B. 领用

　　C. 报销　　　　　　　　　　　　　D. 背书

13. 科目账查询包括（　　）的查询及打印。

　　A. 客户往来账　　　　　　　　　　B. 明细账

　　C. 总账　　　　　　　　　　　　　D. 余额表

14. 辅助账查询一般包括（　　）的辅助总账、辅助明细账查询。

　　A. 往来单位　　　　　　　　　　　B. 个人往来

　　C. 部门核算　　　　　　　　　　　D. 项目核算

15. 账务处理模块的期末处理操作包括（　　）。

　　A. 期末转账　　　　　　　　　　　B. 凭证记账

　　C. 对账　　　　　　　　　　　　　D. 结账

16. 对账主要包括（　　）的核对。

　　A. 明细账和记账凭证　　　　　　　B. 明细账和辅助账

　　C. 总账和明细账　　　　　　　　　D. 总账和辅助账

17. 结账主要包括计算和结转各账簿的（　　）。

　　A. 期初余额　　　　　　　　　　　B. 借方发生额

C. 贷方发生额　　　　　　　　　　D. 期末余额

18. 结账前要进行的检查包括(　　)。
A. 检查本月记账凭证是否已经全部记账，如有未记账凭证，则不能结账
B. 检查上月是否已经结账，如上月未结账，则本月不能结账
C. 检查总账与明细账、总账与辅助账是否对账正确，如果对账不正确则不能结账
D. 对账户余额进行试算平衡，如试算不平衡将不能结账

19. 账务处理系统主要由初始设置和(　　)组成。
A. 凭证处理　　　　　　　　　　　B. 月末处理
C. 账簿输出　　　　　　　　　　　D. 编制报表

三、判断题

1. 在账务处理模块中，现金流量科目是否必须输入现金流量项目，不属于常见的参数设置内容。（　　）

2. 输入期初余额时，上级科目的余额和累计发生数据需要手工输入。（　　）

3. 作废的凭证一旦在凭证左上角显示"作废"字样，不可恢复为有效凭证。
（　　）

4. 经过凭证记账操作后，科目期初余额仍然可以直接进行修改。（　　）

5. 对已经输入但未登记会计账簿的机内记账凭证应提供修改和审核的功能，审核通过后还可以对机内记账凭证进行直接修改。（　　）

6. 会计核算软件具有查询机内会计数据的功能，发现错账时，可以随时修改。
（　　）

7. 银行对账是指在每月月末，企业的出纳人员将企业的银行存款日记账与开户银行发来的当月银行存款对账单进行逐笔核对，勾对已达账项，找出未达账项，并编制每月银行存款余额调节表的过程。（　　）

8. 银行对账后，自动生成银行存款余额调节表。（　　）

9. 在特殊情况下，有些已达账项通过设置的对账条件系统无法识别，这就需要出纳人员通过人工识别进行勾对。

10. 用户可以在系统中查询余额调节表，也可以对其进行修改。（　　）

11. 对账的目的在于减少工作量，避免会计人员重复录入此类凭证，提高记账凭证录入的速度和准确度。（　　）

12. 保存系统自动生成的转账凭证时，系统同样会对凭证进行校验，只有通过了系统校验的凭证才能进行保存。（　　）

13. 结账只能由具有结账权限的人进行。在结账前，最好进行数据备份，一旦结账后发现业务处理有误，可以利用备份数据恢复到结账前的状态。（　　）

第四节 固定资产管理模块的应用

一、单项选择题

1. 在固定资产管理系统的卡片中,能够唯一确定每项资产的数据项是( )。
   A. 类别编号　　　　　　　　　　B. 规格型号
   C. 资产名称　　　　　　　　　　D. 资产编号

2. 固定资产使用情况不包括( )。
   A. 使用中　　　　　　　　　　　B. 不需用
   C. 毁损　　　　　　　　　　　　D. 经营性出租

3. 固定资产管理模块在处理( )事项时,不需要填制相应的记账凭证。
   A. 固定资产增加　　　　　　　　B. 存放地点变动
   C. 固定资产原值变动　　　　　　D. 计提折旧

4. 固定资产管理模块对账功能主要是指与( )模块进行对账。
   A. 账务处理　　　　　　　　　　B. 应收管理
   C. 成本管理　　　　　　　　　　D. 报表管理

5. 固定资产系统不能够提供的折旧表是( )。
   A. 固定资产及累计折旧表　　　　B. 使用状况折旧表
   C. 部门折旧计提汇总表　　　　　D. 固定资产折旧计算明细表

二、多项选择题

1. 固定资产管理模块的主要功能包括( )。
   A. 管理固定资产卡片　　　　　　B. 登记固定资产增减变动的情况
   C. 定义计提折旧的方法　　　　　D. 计算固定资产折旧

2. 下列关于固定资产管理模块启用会计期间的说法中,正确的有( )。
   A. 启用会计期间也就是固定资产管理模块开始使用的时间
   B. 启用会计期间不得早于系统中该账套建立的期间
   C. 启用会计期间可以在账套建立期间之前
   D. 启用会计期间在第一次进入固定资产管理模块时进行

3. 固定资产计提折旧的方法有( )。
   A. 不提折旧　　　　　　　　　　B. 平均年限法
   C. 年数总和法　　　　　　　　　D. 双倍余额递减法

4. 固定资产卡片记录固定资产的详细信息一般包括( )等。
   A. 规格型号　　　　　　　　　　B. 使用状况

C. 原值　　　　　　　　　　　　D. 开始使用日期

5. 在固定资产管理模块中，设置与折旧相关的控制参数，一般包括（　　）。
   A. 折旧方法　　　　　　　　　　B. 是否计提折旧
   C. 折旧率小数位数　　　　　　　D. 计提折旧对应的会计科目

6. 下列各项中，属于固定资产核算模块的日常处理的有（　　）。
   A. 原始卡片录入　　　　　　　　B. 固定资产增加
   C. 价值信息变更　　　　　　　　D. 对账

7. 折旧要素的变更包括（　　）调整。
   A. 折旧方法　　　　　　　　　　B. 使用年限
   C. 净残值（率）　　　　　　　　D. 累计折旧

8. 下列选项中，属于固定资产非价值信息变更的有（　　）变动。
   A. 使用部门　　　　　　　　　　B. 使用状况
   C. 资产价值　　　　　　　　　　D. 存放地点

9. 固定资产管理模块提供了对（　　）的查询功能。
   A. 固定资产明细账　　　　　　　B. 固定资产折旧表
   C. 固定资产变动情况表　　　　　D. 折旧费用分配表

三、判断题

1. 固定资产账套参数在建账完成后一般是可以修改的。（　　）
2. 即使确定不计提折旧，仍可以操作账套内与折旧有关的功能。（　　）
3. 毁损是固定资产减少的方式之一。（　　）
4. 不同使用状况的固定资产的折旧计提处理方法仍然相同。（　　）
5. 增加固定资产类别，必须为每一类别指定计提折旧的方法。（　　）
6. 融资租出不是固定资产减少的方式之一。（　　）
7. 企业可以在系统提供的折旧方法的基础上，根据自身需要，修改成适用于本企业的折旧方法。（　　）
8. 固定资产折旧分配表是填制记账凭证、把折旧分配到成本和费用的依据。（　　）
9. 企业实行电算化后，根据固定资产卡片中有关信息和规定选用折旧方法，可自动计算折旧，而不需要人工计算和填列。（　　）
10. 固定资产原值变动不需填制记账凭证传递到总账系统。（　　）
11. 在固定资产模块下生成的记账凭证，不需要进行凭证的审核和记账操作。（　　）
12. 固定资产月末结账后，仍然可以录入和修改数据。（　　）

第五节 工资管理模块的应用

一、单项选择题

1. 企业在使用工资核算系统之前应对企业的（　　）进行整理分类和编码。
   A. 材料　　　　　　　　　　　B. 产品
   C. 部门和人员　　　　　　　　D. 固定资产

2. 在工资管理模块中，工资数据编辑的所有项目内容，来自（　　）定义。
   A. 职工编号　　　　　　　　　B. 职工项目
   C. 工资项目　　　　　　　　　D. 部门设立

3. 在工资管理模块中，可将工资数据分成两大类，即基本不变数据和变动数据。以下数据属于基本不变数据的是（　　）。
   A. 基本工资　　　　　　　　　B. 实发工资
   C. 请假天数　　　　　　　　　D. 每月扣款

4. 账务处理系统与工资核算系统之间的数据应通过（　　）自动完成。
   A. 软盘传送　　　　　　　　　B. 报表传递
   C. 自动转账功能　　　　　　　D. 自动转账凭证

5. 工资数据处理结果最终通过（　　）的形式反映。
   A. 工资凭证　　　　　　　　　B. 工资项目
   C. 工资报表　　　　　　　　　D. 工资分摊

二、多项选择题

1. 下列选项中，属于工资管理模块的功能有（　　）。
   A. 工资的核算　　　　　　　　B. 个人所得税计算
   C. 工资费用的汇总和分摊　　　D. 各岗位工资标准的制定

2. 企业一般可按（　　）等设置多个工资类别。
   A. 人员　　　　　　　　　　　B. 性别
   D. 部门　　　　　　　　　　　D. 时间

3. 工资项目的设置包括（　　）。
   A. 工资项目类型　　　　　　　B. 工资项目名称
   C. 部门信息　　　　　　　　　D. 小数位数

4. 个人所得税的设置内容包括（　　）。
   A. 实发工资　　　　　　　　　B. 基本扣减额
   C. 累进税率表　　　　　　　　D. 所得项目

5. 工资费用分摊项目一般包括( )等。

A. 应付福利费　　　　　　B. 职工教育经费

C. 工会经费　　　　　　　D. 各类保险

6. 下列选项中,属于工资报表的有( )。

A. 工资发放表

B. 工资汇总表

C. 工资分析表

D. 工资变动明细表

三、判断题

1. 属于不同工资类别的人员编码可以重复。　　　　　　　　　　( )
2. 在工资管理系统中,应先设置工资计算公式,再进行工资项目设置。( )
3. 已建立的工资表,如果某些信息发生了录入错误或后期发生了改变,是不可以进行修改操作的。　　　　　　　　　　　　　　　　　　　　　　( )
4. 修改工资数据时,由系统汇总计算得到的各部门、各人员类别的工资总额会自动更正。　　　　　　　　　　　　　　　　　　　　　　　　　　( )
5. 工资变动数据录入是指输入某个期间内工资项目中相对变动的数据,如奖金、请假扣款等。　　　　　　　　　　　　　　　　　　　　　　　　( )
6. 对工资费用分配定义转账关系后,系统才会自动生成转账凭证。　( )
7. 工资管理系统在月末结账时,会自动将每月发生变化的工资项目清零。( )
8. 工资管理系统主要与总账系统和成本核算管理系统存在数据传递的关系。

( )

第六节　应收管理模块的应用

一、单项选择题

1. 应收账款是指因为( )而发生的欠款。

A. 赊销商品　　　　　　　B. 外单位借款

C. 对外投资　　　　　　　D. 职工借款

2. 在应收管理模块初始化中,需要录入( )往来业务单据。

A. 已发生的　　　　　　　B. 将要发生的

C. 未核销的　　　　　　　D. 所有的

3. 下列关于应收冲应收的说法中,正确的是( )。

A. 解决应收款业务在不同客户间入错户和合并户等问题

B. 解决应收款业务在不同供应商间入错户和合并户等问题
C. 实现应收业务的调整,解决应收债权与应付债务的冲抵
D. 处理客户的预收款和该客户应收欠款的转账核销业务

4. 应收账款核算系统中录入的销售发票的发票号在本年内不能(　　)。

A. 跳号　　　　　　　　　　　B. 重复
C. 可跳号、重复　　　　　　　D. 跳号或重复

二、多项选择题

1. 应收管理模块初始化必须录入期初数据,这些数据往往要按单据种类分别录入,其中主要单据有(　　)。

A. 费用单　　　　　　　　　　B. 其他应收单
C. 应付票据　　　　　　　　　D. 销售发票

2. 应收管理模块一般提供按(　　)等方式进行核销。

A. 单据　　　　　　　　　　　B. 存货
C. 日期　　　　　　　　　　　D. 类别

3. 应收管理模块的日常处理工作不包括(　　)。

A. 基础信息的设置
B. 规则选项
C. 单据核销
D. 坏账处理方式设置

4. 应收管理模块可以实现销售发票与其他应收单的(　　)以及其他处理功能。

A. 新增　　　　　　　　　　　B. 删除
C. 预览　　　　　　　　　　　D. 制单

5. 坏账准备计提的方法有(　　)。

A. 余额百分比法　　　　　　　B. 发生额百分比法
C. 账龄分析法　　　　　　　　D. 销售收入百分比法

6. 应收账款的查询包括(　　)。

A. 销售发票查询　　　　　　　B. 往来明细账查询
C. 往来余额表查询　　　　　　D. 收款单查询

三、判断题

1. 应收款核销是确定收款与采购发票、应收单据之间对应关系的操作。(　　)
2. 每年年初,用户需要将上期没有处理完的单据都录入应收管理模块。(　　)
3. 在应收款系统中,所有账龄区间都可以根据需要修改和删除。(　　)
4. 应收冲应收用于处理客户预收款和该客户应收欠款的转账核销业务。(　　)

第七节　应付管理模块的应用

一、单项选择题

1. (　　)系统接收采购系统录入的发票,由系统生成凭证,并对发票进行付款结算处理。
   A. 账务　　　　　　　　　　B. 应付账款
   C. 工资管理　　　　　　　　D. 固定资产

2. 付款单据处理主要包括对付款单和预付单进行(　　)等操作。
   A. 新增　　　　　　　　　　B. 修改
   C. 删除　　　　　　　　　　D. 以上选项都是

3. 在应付系统中,如果要对一张凭证进行删除操作,该凭证的凭证日期应满足的条件是(　　)。
   A. 满足总账系统序时要求　　B. 日期不能大于业务日期
   C. 凭证未审核　　　　　　　D. 日期不能在本系统的已结账月

二、多项选择题

1. 应付管理模块初始化工作包括(　　)。
   A. 控制参数的设置　　　　　B. 基础信息的设置
   C. 期初余额的录入　　　　　D. 应付单据处理

2. 下列选项中,属于应付管理模块控制参数设置对象的有(　　)。
   A. 银行账号　　　　　　　　B. 规则选项
   C. 会计科目　　　　　　　　D. 账龄区间

3. 应付管理模块中的转账处理包括(　　)。
   A. 应付冲应付　　　　　　　B. 应付冲应收
   C. 预收冲应付　　　　　　　D. 预付冲应付

4. 票据管理用来管理企业因采购商品、接受劳务而开出的(　　)。
   A. 转账支票　　　　　　　　B. 现金支票
   C. 银行承兑汇票　　　　　　D. 商业承兑汇票

三、判断题

1. 应付款系统的启用期间必须等于账套的启用期间。(　　)

2. 应收/应付账款核算模块中只有设置了账龄区间才能进行账龄分析。(　　)

3. 在应付账款系统的应付冲应付的转账处理功能中,每次可以选择多个转入

单位。 ( )

第八节 报表管理模块的应用

一、单项选择题

1. 尺寸定义的目的是( )。
   A. 定义单元属性　　　　　　　　B. 确定报表的行数
   C. 确定报表的列数　　　　　　　D. 确定报表的行数和列数

2. 在会计报表系统中,报表数据产生溢出,是由于表栏的宽度( )数据的实际宽度。
   A. 小于等于　　　　　　　　　　B. 大于
   C. 小于　　　　　　　　　　　　D. 等于

3. ( )公式用于报表数据进行进位或小数取整后调整数据,如将以"元"为单位的报表数据变成以"万元"为单位的报表数据,表中的平衡关系仍然成立。
   A. 计算　　　　　　　　　　　　B. 审核
   C. 舍位平衡　　　　　　　　　　D. 单元

4. 下述选项中,不能实现报表文件保存功能的是( )。
   A. 快捷键"Ctrl"+"S"
   B. 单击工具栏中的"保存"按钮
   C. 单击"文件"菜单下的保存命令
   D. 单击"文件"菜单下的另存为命令

5. ( )是通过计算机网络将各种报表从一个工作站传递到另一个或几个工作站的报表传输方式。
   A. 屏幕输出　　　　　　　　　　B. 磁盘输出
   C. 网络传送　　　　　　　　　　D. 打印输出

二、多项选择题

1. 报表管理系统可以为( )模块提供数据输出功能。
   A. 账务处理　　　　　　　　　　B. 工资管理
   C. 应收管理　　　　　　　　　　D. 应付管理

2. 下列选项中,属于报表格式设置的具体内容的有( )。
   A. 定义报表尺寸　　　　　　　　B. 画表格线
   C. 定义组合单元　　　　　　　　D. 设置关键字

3. 报表管理系统中,报表公式定义包括( )。

A. 计算公式　　　　　　　　　B. 审核公式

C. 舍位平衡公式　　　　　　　D. 试算平衡公式

4. 下列关于计算公式的说法中,正确的有(　　)。

A. 计算公式是指对报表数据单元进行赋值的公式

B. 计算公式是唯一必须定义的公式

C. 计算公式由关系公式和提示信息组成

D. 计算公式可以从本表或其他表中调用数据

5. 在报表中,(　　)等公式不是必须定义的。

A. 计算公式　　　　　　　　　B. 审核公式

C. 舍位平衡公式　　　　　　　D. 单元公式

6. 报表文件的输出方式包括(　　)输出。

A. 打印　　　　　　　　　　　B. 磁盘

C. 图形　　　　　　　　　　　D. 屏幕查询

7. 下列关于会计报表打印输出的说法中,正确的有(　　)。

A. 现金日记账、银行存款日记账需要每日打印

B. 日记账和银行存款日记账不多的经济业务,可以不必每日打印

C. 资产负债表要求每月打印

D. 利润表要求每年打印

三、判断题

1. 在会计报表中,某些数据只能取自某会计期间同一会计报表的数据,不能取自某会计期间其他会计报表的数据。　　　　　　　　　　　　　　　　(　　)

2. 在通用报表系统中,修饰报表的主要工作包括设置文字的字体与大小,改变文字在单元中的位置,设置取数公式等,以使生成的报表更完美。　　　(　　)

3. 把几个单元作为一个单元来使用即为组合单元。有些针对单元的操作对组合单元不能有效地进行。　　　　　　　　　　　　　　　　　　　　(　　)

4. 会计报表生成后可以进行图形输出。　　　　　　　　　　　　　(　　)

5. 用户可以修改系统提供报表模板中的公式,但不可以生成、调用自行设计的报表模板。　　　　　　　　　　　　　　　　　　　　　　　　　　(　　)

【本章习题必练】

一、单项选择题

1. 下列各项中,不属于建立账套时需要建立的信息的是(　　)。

A. 设置账套信息 　　　　　　　　　B. 设置单位信息
C. 输入期初余额 　　　　　　　　　D. 确定核算类型

2. 对于使用会计软件的老用户来说,建立新年度账后,可以对账套中相关信息进行调整,但对(　　)信息不能修改。
A. 账套启用日期 　　　　　　　　　B. 凭证类别
C. 会计科目 　　　　　　　　　　　D. 期初余额

3. 制单时,此类凭证无论借方还是贷方至少有一个限制科目有发生额,属于(　　)限制类型。
A. 借方必有 　　　　　　　　　　　B. 贷方必有
C. 凭证必有 　　　　　　　　　　　D. 凭证必无

4. 如果单位是每月录入一次汇率,则可在每月1日录入汇率,将"汇率匹配方式"设置为(　　)。
A. 当日 　　　　　　　　　　　　　B. 明日
C. 向前 　　　　　　　　　　　　　D. 向后

5. 使用总账系统,输入科目编码时,下列叙述中,错误的是(　　)。
A. 编码不能重复 　　　　　　　　　B. 科目编码要符合规定
C. 明细科目只输入本级编码 　　　　D. 科目编码位数要符合编码规则

6. 当会计科目有数量核算时,账簿格式一般设置为(　　)。
A. 数量式 　　　　　　　　　　　　B. 数量外币式
C. 数量金额式 　　　　　　　　　　D. 外币金额式

7. 在账务核算系统中,"应收账款"账户通常设置(　　)辅助核算。
A. 银行账 　　　　　　　　　　　　B. 日记账
C. 部门核算 　　　　　　　　　　　D. 单位往来

8. 使用总账系统,在日常账务处理中最频繁的工作是(　　)凭证。
A. 修改 　　　　　　　　　　　　　B. 审核
C. 输入 　　　　　　　　　　　　　D. 记账

9. 制单日期默认为填制凭证当天的计算机系统日期,凭证日期应(　　)系统启用日期。
A. 小于 　　　　　　　　　　　　　B. 等于
C. 大于 　　　　　　　　　　　　　D. 大于等于

10. 在账务系统中,审核后的凭证(　　)修改。
A. 可以直接 　　　　　　　　　　　B. 审核人员可以直接
C. 需取消审核后 　　　　　　　　　D. 不能再进行

11. 下列选项中,不属于出纳管理的功能是(　　)。
A. 银行对账 　　　　　　　　　　　B. 凭证录入

C. 查询日记账 D. 管理支票登记簿

12. 对于期末损益结转生成的凭证需要设置凭证类别,一般凭证类别为(　　)。
    A. 收款凭证 B. 付款记账
    C. 转账凭证 D. 记账凭证

13. 下列选项中,(　　)不属于固定资产的减少方式。
    A. 盘亏 B. 投资转出
    C. 盘盈 D. 毁损

14. 下列关于固定资产减少的说法中,不正确的是(　　)。
    A. 对外投资是固定资产减少的一种方式
    B. 将直接减少固定资产的价值
    C. 需要输入固定资产减少卡片
    D. 应说明减少原因

15. 下列各项中,不属于工资管理模块设置基础信息的是(　　)。
    A. 设置工资项目 B. 设置应付款核销
    C. 设置工资费用分摊 D. 设置工资类别所对应的部门

16. 为了区别生产人员和管理人员的工资,工资核算系统应该设置(　　)。
    A. 职工类别 B. 专业类别
    C. 职工性别 D. 部门类别

17. 如果修改了某些工资数据或重新设置了工资计算公式,需利用(　　)功能对工资数据进行重新计算,以保证工资数据的准确性。
    A. 个人所得税计算 B. 工资数据计算
    C. 工资分摊 D. 工资变动数据录入

18. 应收系统期初数据主要包括(　　)。
    A. 预收账款
    B. 已经预付的款项
    C. 未处理完的所有供应商的应付账款
    D. 以上选项全不对

19. (　　)是指确定收款单与原始的发票、应收单之间的对应关系的操作,主要用于建立收款与应收款的核销记录,加强往来款项的管理。
    A. 单据处理 B. 单据查询
    C. 单据核销 D. 单据修改

20. 以采购发票和付款单为原始数据,完成各种应付款的登记、核销以及应付款分析的模块是(　　)模块。
    A. 账务处理 B. 工资管理
    C. 应收管理 D. 应付管理

21. 下列设置内容中,属于报表单元格格式的是(   )。
   A. 字体字号   B. 边框样式
   C. 对齐方式   D. 数字格式
22. (   )是实现计算机自动处理报表数据的关键步骤。
   A. 报表编制   B. 报表名称登记
   C. 报表公式设置   D. 报表格式设置

二、多项选择题

1. 模块级初始化内容主要包括(   )。
   A. 设置系统控制参数   B. 设置基础信息
   C. 设置操作员权限   D. 录入初始数据
2. 下列选项中,(   )属于期末处理工作。
   A. 对账   B. 期末转账
   C. 编制报表   D. 凭证记账
3. 账套中包含的文件有(   )等。
   A. 会计科目   B. 记账凭证
   C. 会计账簿   D. 会计报表
4. 设置编码的对象包括(   )等。
   A. 客户   B. 供应商
   C. 部门   D. 存货
5. 设置项目信息,一般包括(   )。
   A. 输入项目名称   B. 输入项目代码
   C. 建立项目档案   D. 定义核算项目
6. 设置凭证类别是指对记账凭证进行分类编制,内容包括(   )等。
   A. 凭证类型名称   B. 凭证类型编码
   C. 限制类型   D. 限制科目
7. 企业所使用的会计科目的名称可以是(   )等符号。
   A. 汉字   B. 数字
   C. 可以为空   D. 英文字母
8. 按照国家统一的会计准则制度要求,会计科目按其性质划分为资产类、(   )和损益类共六种类型。
   A. 负债类   B. 共同类
   C. 成本类   D. 所有者权益类
9. 账页格式一般可以分为(   )等格式。
   A. 普通两栏式   B. 普通三栏式

C. 数量金额式　　　　　　　　　　D. 外币金额式

10. 在账务处理模块中,常见的参数设置包括(　　)。

A. 是否允许操作人员修改他人凭证

B. 出纳凭证是否必须经过出纳签字

C. 凭证编号方式

D. 是否对资金及往来科目实行赤字提示

11. 假如企业从2014年7月份开始启用账套,那么该企业在录入期初余额时,应录入(　　)。

A. 2014年6月的期末余额

B. 2014年1~6月份的借方累计发生额

C. 2014年的期初余额

D. 2014年1~6月份的贷方累计发生额

12. 凭证一旦保存,下列选项中,不能修改的有(　　)。

A. 摘要　　　　　　　　　　　　B. 凭证类别

C. 凭证编号　　　　　　　　　　D. 辅助信息

13. 下列关于凭证审核和记账操作的说法中,正确的有(　　)。

A. 凭证可以成批审核,也可逐张审核

B. 凭证审核需要重新注册更换操作员,由具有审核权限的操作员来进行

C. 上月未记账,本月同样可以记账

D. 记账操作每月可进行多次

14. 支票登记操作时,登记的内容包括(　　)。

A. 购置支票的支票规则

B. 购置的支票类型

C. 购置支票的银行账号

D. 购置日期

15. 余额表用于查询统计各级会计科目的(　　)。

A. 期初余额　　　　　　　　　　B. 本期发生额

C. 累计发生额　　　　　　　　　D. 期末余额

16. 固定资产初始化设置,一般包括(　　)。

A. 设置基础信息　　　　　　　　B. 设置控制参数

C. 录入原始卡片　　　　　　　　D. 计提折旧

17. 固定资产增加的方式包括(　　)。

A. 直接购买　　　　　　　　　　B. 接受捐赠

C. 盘盈　　　　　　　　　　　　D. 融资租入

18. 在固定资产系统的下列操作中,需要进行资产变动处理的有(　　)。

A. 原值增加 B. 使用状况变动
C. 累计折旧调整 D. 工作总量调整

19. 固定资产管理模块中的期末处理工作主要包括（   ）。
    A. 相关数据查询 B. 月末结账
    C. 计提折旧 D. 固定资产变动

20. 下列选项中,属于工资核算模块初始化设置的有（   ）。
    A. 部门设置 B. 工资项目设置
    C. 工资计算公式定义 D. 客户设置

21. 工资项目的类型有三种选择,包括（   ）。
    A. 数字型 B. 文本型
    C. 自定义 D. 日期型

22. 在工资管理模块中,数据输入的方式有（   ）。
    A. 成组数据 B. 按条件成批替换
    C. 公式计算 D. 从外部直接导入数据

23. 应收账款系统初始化的主要工作包括（   ）。
    A. 设置账龄区间
    B. 控制参数的设置
    C. 定义应收管理模块凭证制单所需的基本科目
    D. 初始单据的录入

24. 期初余额录入一般包括（   ）的录入。
    A. 初始票据 B. 初始单据
    C. 初始欠款 D. 初始坏账

25. 坏账处理的内容包括（   ）。
    A. 坏账准备计提 B. 坏账发生
    C. 坏账收回 D. 坏账转销

26. 应付管理模块一般按（   ）的方式进行核销。
    A. 单据 B. 日期
    C. 存货 D. 供应商

27. 应付账款查询内容包括（   ）。
    A. 采购发票 B. 付款单
    C. 往来总账 D. 往来余额表

28. 会计报表数据也可以来源于系统内的其他模块,包括（   ）模块等。
    A. 账务处理 B. 工资管理
    C. 固定资产管理 D. 应收管理

29. 计算公式的作用是从（   ）等处调用、运算所需要的数据,并填入相关的单元格中。

A. 凭证 　　　　　　　　　　　B. 账簿
C. 本表 　　　　　　　　　　　D. 他表

三、判断题

1. 系统初始化的内容包括系统初始化、功能级初始化和各功能模块的初始化。
（　　）

2. 在同一会计软件中只能建立一个账套。（　　）

3. 会计软件的操作员是有操作权限限制的，账套参数的修改操作只有系统管理员有权限进行。（　　）

4. 用户口令和操作权限可以由操作员自行修改。（　　）

5. 采购、库存、应付账款中的供应商信息，通过基础档案设置中的供应商信息录入。（　　）

6. 如果录入的记账凭证不符合用户设置的限制条件或限制科目，系统不会进行提示。（　　）

7. 并不是所有的科目都需要进行外币核算、数量核算设置。（　　）

8. 在账务处理系统中，会计科目存在总账和下属明细账科目时，删除总账科目，其下属明细账不被删除。（　　）

9. 如果增加的是二级或其以下会计科目，系统会默认与其一级会计科目类型保持一致，用户可以根据需要进行更改。（　　）

10. 会计科目初始数据录入是指用户在使用账务处理模块的过程中，将会计科目的初始余额以及发生额等相关数据输入系统中。（　　）

11. 财务处理软件的年度期初数据录入后，软件必须提供平衡校验功能，保证借方年初额与贷方年初额相等、本年累计借方发生额与本年累计贷方发生额相等、借方余额合计与贷方余额合计相等。（　　）

12. 已经过出纳签字的凭证，不能直接进行修改、删除，而需取消出纳签字方可。（　　）

13. 在会计核算软件中，保存凭证的时候，将会检查记账凭证是否符合"有借必有贷，借贷必相等"，如果不符合，则无法保存。（　　）

14. 记账后若发现凭证有错误，可通过取消记账和取消复核然后修改。（　　）

15. 会计核算软件的数据处理功能应当具有自动进行银行对账并自动生成"银行存款余额调节表"的功能。（　　）

16. 系统一般不允许在总账查询窗口下联查当前会计科目的当前月份的明细账。（　　）

17. 结账工作由计算机自动进行数据处理，每月可多次进行。（　　）

18. 对于业务量较少的账户,会计软件可以提供会计账簿的满页打印输出功能。
( )
19. 折旧的对应科目是指折旧费用的入账科目。 ( )
20. 固定资产卡片编码只能手工编码。 ( )
21. 当月减少的固定资产,当月不需要计提折旧。 ( )
22. 如果固定资产管理模块传递到总账中的记账凭证出现错误,可以在总账系统中进行修改。 ( )
23. 不同工资类别的计算公式可以不相同,但工资项目必须相同。 ( )
24. 工资管理模块的日常处理工作应包括设置所得税、个人所得税计算和工资分摊等。 ( )
25. 当审核记账凭证时发现工资费用结转凭证有错误,可以在总账模块中直接修改。 ( )
26. 系统可以对不同的工资类别分别进行期末结账。 ( )
27. 客户档案用于存放客户基本信息以及按客户统计的应收账款数据,系统正式启用之后对客户档案不能增删客户。 ( )
28. 转账处理是指往来款项的对冲处理,应收管理模块的转账处理主要包括应收冲应收、预收冲应收和应收冲应付,目的是为了避免往来款项多头挂账现象。 ( )
29. 当第二年度处理时,应将上年未处理完的单据输入应收管理模块。 ( )
30. 应收款、应付款等往来业务的账目需要经常对账和核销。 ( )
31. 为了满足查询打印的需要,在报表尺寸设置完毕、报表输出前,还需要在适当的位置上画表格线。 ( )
32. 审核公式是必须定义的,用于审核报表内或报表间的数据勾稽关系是否正确。
( )

四、实务操作题

1. 按以下信息新建账套:
(1) 账套信息

账套号:001;账套名称:山东明朗科技有限公司;采用默认账套路径;启用会计期:2017年1月(会计期间设置:1月1日至12月31日)。

(2) 单位信息

单位名称:山东明朗科技有限公司;单位简称:明朗科技。

(3) 核算类型

记账本位币为人民币(RMB);企业类型为工业;行业性质为2007年新会计准则;账套主管为demo;按行业性质预置科目。

(4) 基础信息

对存货、客户、供应商进行分类核算,有外币核算。

(5) 业务流程

采购流程、销售流程均选用标准流程。

(6) 分类编码方案

科目编码级次:4222;客户分类编码级次:122;存货分类编码级次:122;供应商分类编码级次:122。

(7) 数据精度定义

存货数量、存货单价、开票单价、件数、换算率小数位均设定为2。

(8) 系统启用

总账、固定资产、工资管理、购销存管理的启用会计期间均设为2017年1月1日。

2. (操作员:系统主管;账套:山东明朗科技有限公司;操作日期:2017年1月1日)

新增操作员:

(1) 编号:201,姓名:张浩峰,部门:财务部,口令:001;

(2) 编号:202,姓名:李　立,部门:财务部,口令:002;

(3) 编号:203,姓名:王一萍,部门:财务部,口令:003;

(4) 编号:204,姓名:赵晓娟,部门:财务部,口令:004;

(5) 编号:205,姓名:周　梅,部门:财务部,口令:005。

3. (操作员:系统主管;账套:山东明朗科技有限公司;操作日期:2017年1月1日)

设置用户权限:

(1) 张浩峰:账套主管;

(2) 李　立:总账系统;

(3) 王一萍:总账系统;

(4) 赵晓娟:工资管理、固定资产;

(5) 周　梅:公用目录设置、采购管理、销售管理、应收管理、应付管理、库存管理。

4. (操作员:张浩峰;账套:山东明朗科技有限公司;操作日期:2017年1月1日)

新增部门档案,如表3-1所示。

表3-1 新增的部门档案

部门编码	部门名称	部门编码	部门名称
1	行政部	3	采购部
2	财务部	4	销售部

5. (操作员:张浩峰;账套:山东明朗科技有限公司;操作日期:2017年1月1日)

新增职员,如表3-2所示。

表3-2 新增的职员

职员编码	职员姓名	所属部门	职员编码	职员姓名	所属部门
101	张 涛	行政部	204	赵晓娟	财务部
201	张浩峰	财务部	205	周 梅	财务部
202	李 立	财务部	301	孙 玉	采购部
203	王一萍	财务部	401	方晓丽	销售部

6.（操作员：张浩峰；账套：山东明朗科技有限公司；操作日期：2017年1月1日）

新增客户类型、供应商类型：

(1) 类别编码：1，类别名称：国有企业；

(2) 类别编码：2，类别名称：私有企业。

7.（操作员：张浩峰；账套：山东明朗科技有限公司；操作日期：2017年1月1日）

新增客户档案：

客户编码：K001，客户名称：天津三安股份有限公司，客户简称：天津三安，所属类型：私有企业。

8.（操作员：张浩峰；账套：山东明朗科技有限公司；操作日期：2017年1月1日）

新增供应商档案：

供应商编码：G001，供应商名称：济南新浪科技有限公司，供应商简称：新浪科技，所属类型：国有企业。

9.（操作员：张浩峰；账套：山东明朗科技有限公司；操作日期：2017年1月1日）

新增收付结算方式：

结算方式编码：1，结算方式名称：支票，进行票据管理：需要。

10.（操作员：张浩峰；账套：山东明朗科技有限公司；操作日期：2017年1月1日）

设置凭证类别：

(1) 类别字：收，类型名称：收款凭证，限制类型：借方必有，限制科目：1001，1002；

(2) 类别字：付，类型名称：付款凭证，限制类型：贷方必有，限制科目：1001，1002；

(3) 类别字：转，类型名称：转账凭证，限制类型：凭证必无，限制科目：1001，1002。

11.（操作员：张浩峰；账套：山东明朗科技有限公司；操作日期：2017年1月1日）

新增外币币种：

币符：EUR；币名：欧元；汇率小数位：2；外币最大误差：0.000 01；折算方式：外币×汇率＝本位币；2017年1月1日固定汇率：7.21。

12.（操作员：张浩峰；账套：山东明朗科技有限公司；操作日期：2017年1月1日）

指定会计科目：

指定"1001 库存现金"为现金总账科目、"1002 银行存款"为银行总账科目。

13.（操作员：张浩峰；账套：山东明朗科技有限公司；操作日期：2017年1月1日）

新增会计科目：
(1) 科目编码：660201，科目名称：办公费，辅助核算：部门核算；
(2) 科目编码：660202，科目名称：折旧费，辅助核算：部门核算；
(3) 科目编码：660203，科目名称：工资，辅助核算：部门核算。

14. （操作员：张浩峰；账套：山东明朗科技有限公司；操作日期：2017年1月1日）
修改会计科目：
应收账款科目辅助核算修改为"客户往来"。

15. （操作员：张浩峰；账套：山东明朗科技有限公司；操作日期：2017年1月1日）
输入下列科目的期初余额并进行试算平衡：

库存现金：15 000　　银行存款：3 000 000　　应收账款：24 000
库存商品：5 000　　　固定资产：1 700 000　　累计折旧：2 600
短期借款：210 000　　应付账款：104 500　　　实收资本：4 426 900

16. （操作员：王一萍；账套：山东明朗科技有限公司；操作日期：2017年1月6日）
填制记账凭证：
2017年1月6日，行政部购买办公用品800元，用现金支付，附单据1张。

17. （操作员：王一萍；账套：山东明朗科技有限公司；操作日期：2017年1月8日）
修改记账凭证：
将付字1号凭证金额修改为860元。

18. （操作员：王一萍；账套：山东明朗科技有限公司；操作日期：2017年1月15日）
填制记账凭证：
2017年1月15日，孙玉出差预借现金2 000元，附单据1张。

19. （操作员：王一萍；账套：山东明朗科技有限公司；操作日期：2017年1月31日）
对收付款凭证进行出纳签字。

20. （操作员：李立；账套：山东明朗科技有限公司；操作日期：2017年1月31日）
对本月凭证进行审核操作。

21. （操作员：张浩峰；账套：山东明朗科技有限公司；操作日期：2017年1月31日）
对本月凭证进行记账操作。

22. （操作员：赵晓娟；账套：山东明朗科技有限公司；操作日期：2017年1月1日）
设置固定资产控制参数，如表3-3所示。

表3-3 固定资产控制参数

控制参数	参数设置
约定与说明	同意
启用月份	2017.01
折旧信息	本账套计提折旧　折旧方法：平均年限法　折旧汇总分配周期：1个月 当（月初已计提月份＝可使用月份－1）时，将剩余折旧全部提足

(续表)

控制参数	参数设置
编码方式	资产类别编码方式:2112 固定资产编码方式:按"类别编码＋部门编码＋序号"自动编码 卡片序号长度为2
账务接口	与账务系统进行对账 对账科目:固定资产对账科目:1601 固定资产 累计折旧对账科目:1602 累计折旧 在对账不平情况下允许固定资产月末结转

23.（操作员:赵晓娟;账套:山东明朗科技有限公司;操作日期:2017 年 1 月 1 日）
设置部门对应折旧科目:

（1）部门名称:行政部,折旧科目:管理费用——折旧费;

（2）部门名称:财务部,折旧科目:管理费用——折旧费;

（3）部门名称:采购部,折旧科目:管理费用——折旧费;

（4）部门名称:销售部,折旧科目:销售费用。

24.（操作员:赵晓娟;账套:山东明朗科技有限公司;操作日期:2017 年 1 月 1 日）
设置固定资产增减方式:

（1）增减方式名称:直接购入,对应入账科目:银行存款;

（2）增减方式名称:对外出售,对应入账科目:固定资产清理。

25.（操作员:赵晓娟;账套:山东明朗科技有限公司;操作日期:2017 年 1 月 1 日）
设置固定资产类别,如表 3-4 所示。

表 3-4 固定资产类别

类别编码	类别名称	使用年限	净残值率	计提属性	折旧方法
01	电子设备	15	10%	正常计提折旧	平均年限法
02	交通运输设备	20	10%	正常计提折旧	平均年限法

26.（操作员:赵晓娟;账套:山东明朗科技有限公司;操作日期:2017 年 1 月 1 日）
录入固定资产原始卡片,如表 3-5 所示。

表 3-5 固定资产原始卡片

卡片编号	00001	使用年限	15
资产编号	01201	折旧方法	平均年限法
固定资产名称	打印机	开始使用日期	2016.06.07
固定资产类别	电子设备	原值	2 600
部门名称	财务部	净残值率	10%

(续表)

增加方式	直接购入	净残值	260
使用状况	在用	累计折旧	78

27.（操作员:赵晓娟;账套:山东明朗科技有限公司;操作日期:2017年1月20日）新增固定资产,如表3-6所示。

表3-6 新增的固定资产

卡片编号	00002	使用年限	20
资产编号	02101	折旧方法	平均年限法
固定资产名称	汽车	开始使用日期	2017.01.20
固定资产类别	交通运输设备	原值	230 000
部门名称	行政部	净残值率	10%
增加方式	直接购入	净残值	23 000
使用状况	在用	对应折旧科目	管理费用——折旧费

28.（操作员:赵晓娟;账套:山东明朗科技有限公司;操作日期:2017年1月31日）对固定资产计提折旧。

29.（操作员:赵晓娟;账套:山东明朗科技有限公司;操作日期:2017年1月31日）对固定资产业务进行批量制单,附单据2张。

30.（操作员:赵晓娟;账套:山东明朗科技有限公司;操作日期:2017年1月1日）建立工资账套:

工资类别个数:单个;

扣税设置:从工资中代扣个人所得税;

不进行扣零处理;

人员编码长度:3;

启用日期:2017年1月1日。

31.（操作员:赵晓娟;账套:山东明朗科技有限公司;操作日期:2017年1月1日）设置银行名称:

交通银行,账号定长,账号长度11,录入时需要自动带出的账号长度8。

32.（操作员:赵晓娟;账套:山东明朗科技有限公司;操作日期:2017年1月1日）设置人员类别:

（1）后勤人员;

（2）市场人员。

33.（操作员:赵晓娟;账套:山东明朗科技有限公司;操作日期:2017年1月1日）

设置人员档案,如表3-7所示。

表3-7 人员档案

人员编号	人员姓名	所属部门	人员类别	银行名称	银行账号
101	张 涛	行政部	后勤人员	交通银行	11111111001
201	张浩峰	财务部	后勤人员	交通银行	11111111002
202	李 立	财务部	后勤人员	交通银行	11111111003
203	王一萍	财务部	后勤人员	交通银行	11111111004
204	赵晓娟	财务部	后勤人员	交通银行	11111111005
205	周 梅	财务部	后勤人员	交通银行	11111111006
301	孙 玉	采购部	市场人员	交通银行	11111111007
401	方晓丽	销售部	市场人员	交通银行	11111111008

34.(操作员:赵晓娟;账套:山东明朗科技有限公司;操作日期:2017年1月1日)

表3-8 工资项目

工资项目名称	类型	长度	小数	增减项
基本工资	数字	8	2	增项
奖金	数字	8	2	增项
养老保险	数字	8	2	减项

35.(操作员:赵晓娟;账套:山东明朗科技有限公司;操作日期:2017年1月1日)设置工资项目计算公式:

养老保险=(基本工资+奖金)*0.05

36.(操作员:赵晓娟;账套:山东明朗科技有限公司;操作日期:2017年1月31日)设置基本工资数据,如表3-9所示。

表3-9 基本工资数据

人员编号	人员姓名	所属部门	人员类别	基本工资	奖金
101	张 涛	行政部	后勤人员	4 000	200
201	张浩峰	财务部	后勤人员	4 200	200
202	李 立	财务部	后勤人员	3 000	150
203	王一萍	财务部	后勤人员	2 600	150
204	赵晓娟	财务部	后勤人员	2 500	150
205	周 梅	财务部	后勤人员	2 500	150
301	孙 玉	采购部	市场人员	3 000	400
401	方晓丽	销售部	市场人员	3 000	400

37.（操作员:赵晓娟;账套:山东明朗科技有限公司;操作日期:2017年1月31日）

设置个人所得税缴纳方法：

基数3 500,附加费用1 300。

38.（操作员:赵晓娟;账套:山东明朗科技有限公司;操作日期:2017年1月31日）

生成工资凭证,如表3-10所示。

表3-10 工 资 凭 证

部门名称	人员类别	项目	借方科目	贷方科目
行政部,财务部,采购部	管理人员	应发合计	660204	2211
销售部	市场人员	应发合计	6601	2211

39.（操作员:周梅;账套:山东明朗科技有限公司;操作日期:2017年1月1日）

设置开户银行:交通银行;银行账号:99999999999。

40.（操作员:周梅;账套:山东明朗科技有限公司;操作日期:2017年1月1日）

设置付款条件：

付款条件编码:60D;

信用天数:60;

付款条件:"2/20,1/40,N/60"。

41.（操作员:周梅;账套:山东明朗科技有限公司;操作日期:2017年1月1日）

设置存货分类：

(1) 类别编码:1,类别名称:自制;

(2) 类别编码:2,类别名称:外购。

42.（操作员:周梅;账套:山东明朗科技有限公司;操作日期:2017年1月1日）

设置存货档案,如表3-11所示。

表3-11 存 货 档 案

存货编号	存货名称	计量单位	所属分类	存货属性
01	耳机	个	外购	销售、外购
02	激光灯	支	外购	销售、外购

43.（操作员:周梅;账套:山东明朗科技有限公司;操作日期:2017年1月1日）

设置仓库档案：

(1) 仓库编码:01,仓库名称:耳机仓库；

(2) 仓库编码:02,仓库名称:激光灯仓库。

44. (操作员:周梅;账套:山东明朗科技有限公司;操作日期:2017年1月1日)
设置期初数据:

(1) 耳机:数量600,单价150;

(2) 激光灯:数量2 000,单价50。

45. (操作员:周梅;账套:山东明朗科技有限公司;操作日期:2017年1月10日)
生成销售订单:

1月10日,销售部向天津三安股份有限公司销售激光灯1 000支,不含税单价60元,增值税税率17%,货款尚未收到,附单据1张。

46. (操作员:周梅;账套:山东明朗科技有限公司;操作日期:2017年1月11日)
生成发货单:

1月11日,销售给天津三安股份有限公司的1 000支激光灯发货。

47. (操作员:周梅;账套:山东明朗科技有限公司;操作日期:2017年1月11日)
生成销售发票:

1月11日,对销售给天津三安股份有限公司的1 000支激光灯开具发票。

48. (操作员:周梅;账套:山东明朗科技有限公司;操作日期:2017年1月18日)
进行收款结算:

1月18日,收到天津三安股份有限公司支票一张,票号为ZP036,为支付购买激光灯的款项,金额合计为70 200元。

49. (操作员:周梅;账套:山东明朗科技有限公司;操作日期:2017年1月1日)
进行期初记账。

50. (操作员:周梅;账套:山东明朗科技有限公司;操作日期:2017年1月21日)
生成采购订单:

1月21日,销售部向济南新浪科技有限公司购买耳机500个,单价150元,增值税税率17%,货款尚未支付,附单据1张。

51. (操作员:周梅;账套:山东明朗科技有限公司;操作日期:2017年1月25日)
生成采购入库单:

1月25日,向济南新浪科技有限公司购买的500个耳机入库。

52. (操作员:周梅;账套:山东明朗科技有限公司;操作日期:2017年1月25日)
生成采购发票:

1月25日,收到济南新浪科技有限公司开具的500个耳机的发票。

53. (操作员:周梅;账套:山东明朗科技有限公司;操作日期:2017年1月25日)
进行付款结算:

1月25日,签发支票一张,支付济南新浪科技有限公司货款,支票号ZP056,为支付购买耳机的款项,金额合计为87 750元。

【分节习题必会】答案及解析

第一节　会计软件的应用流程

一、单项选择题

1.【答案】　B

【解析】　系统初始化是会计软件运行的基础。它将通用的会计软件转变为满足特定企业需要的系统,使手工环境下的会计核算和数据处理工作得以在计算机环境下延续和正常运行。

2.【答案】　D

【解析】　凭证录入、出纳签字、凭证审核、凭证记账等业务属于会计软件的日常处理业务。选项 D,基础档案设置属于系统初始化的内容。

二、多项选择题

1.【答案】　ACD

【解析】　会计软件的应用流程一般包括系统初始化、日常处理和期末处理等环节,每个环节又包含各自的内容。

2.【答案】　ABCD

【解析】　会计软件的模块包括账务处理模块、固定资产管理模块、工资管理模块、应收管理模块、应付管理模块以及报表管理模块。

3.【答案】　ABCD

【解析】　日常处理工作的特点:①日常业务频繁发生,需要输入的数据量大;②日常业务在每个会计期间内重复发生,所涉及金额不尽相同。

4.【答案】　BC

【解析】　数据备份是指将会计软件的数据输出保存在其他存储介质上,以备后续使用。数据备份主要包括账套备份、年度账备份等。

三、判断题

1.【答案】　√

【解析】　系统初始化将对系统的后续运行产生重要影响,因此系统的初始化工作必须完整且尽量满足企业的需求。

2.【答案】　×

【解析】 期末处理的特点：①有较为固定的处理流程；②业务可以由计算机自动完成。

3.【答案】 ×

【解析】 数据还原又称数据恢复,是指将备份的数据使用会计软件恢复到计算机硬盘上。它与数据备份是一个相反的过程。

第二节　系统级初始化

一、单项选择题

1.【答案】 B

【解析】 建立账套时需要根据企业的具体情况和核算要求设置相关信息,账套信息主要包括账套号、企业名称、企业性质、记账本位币、会计期间等。

2.【答案】 D

【解析】 在会计电算化实务中,系统管理人员具有设置操作员和账套主管以及建立账套等操作权限。

3.【答案】 D

【解析】 会计电算化环境下的财务分工实现的基础是会计软件的用户管理功能与操作权限设置功能。

4.【答案】 C

【解析】 凭证类别有多种分类方法,若凭证类别只设置一种,通常为记账凭证。

5.【答案】 D

【解析】 在账务处理模块中,若凭证类型分为收、付、转三种,借、贷方科目为"库存现金"或"银行存款"的分录为收付款凭证,则凭证字为"转"类凭证可接受借、贷方科目为非"库存现金""银行存款"的分录。

6.【答案】 B

【解析】 设置会计科目属于公用基础信息的内容,而科目余额的录入属于账务处理模块初始化工作的内容。

7.【答案】 A

【解析】 能唯一确定被标识对象的是编码符号。

8.【答案】 B

【解析】 账务处理系统中,应先建一级科目,再建明细科目。

9.【答案】 C

【解析】 当会计科目有数量核算时,账簿格式设置为"数量金额式"；当会计科目有外币核算要求时,账簿格式设置为"外币金额式"。

10.【答案】 C

【解析】 辅助核算一般设置在末级科目上。某一会计科目可以同时设置多种相容的辅助核算。

11.【答案】 C

【解析】 增加会计科目时,应遵循自上而下的顺序,先设置上级会计科目,再设置下级会计科目;删除会计科目应循序自下而上的顺序,必须先从末级会计科目删除,删除的会计科目不能是已经使用的会计科目。

二、多项选择题

1.【答案】 ABCD

【解析】 所谓系统初始化是指企业财务、工资、固定资产以及购销存等业务的基础资料设置,内容包括创建账套并设置相关信息、增加操作员并设置权限、设置系统公用基础信息等。

2.【答案】 CD

【解析】 选项C,账套修改由账套主管进行。

3.【答案】 ACD

【解析】 一个账套不可以没有账套主管。

4.【答案】 ABCD

【解析】 基础档案内容一般包括设置企业的部门档案、职员信息、供应商信息、客户信息、项目信息等。

5.【答案】 CD

【解析】 往来单位包括供应商和客户两种类型。

6.【答案】 AB

【解析】 设置收付结算方式一般包括设置结算方式编码、结算方式名称等。其目的是建立和管理企业在经营活动中所涉及的货币结算方式,方便银行对账、票据管理和结算票据的使用。

7.【答案】 ABCD

【解析】 在会计软件中,系统通常提供的限制条件包括借方必有、贷方必有、凭证必有、凭证必无、无限制等。

8.【答案】 ABCD

【解析】 通常在设置外币时,需要输入币符、币名、固定汇率或浮动汇率、记账汇率和折算方式等信息。

9.【答案】 ABD

【解析】 对会计科目进行编码时,一般应遵守唯一性、统一性和扩展性原则。

10.【答案】 ABCD

【解析】 在财务软件中,建立会计科目时,输入的基本内容不仅包括此四项

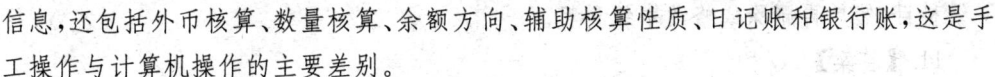

信息,还包括外币核算、数量核算、余额方向、辅助核算性质、日记账和银行账,这是手工操作与计算机操作的主要差别。

11.【答案】 ABD

【解析】 会计科目的辅助核算内容有个人往来核算、客户往来核算、供应商往来核算、部门核算、项目核算等;另外,还有外币核算、数量核算、银行账和日记账辅助核算。

三、判断题

1.【答案】 ×

【解析】 一个账套只能保存一个会计核算对象的业务资料,这个核算对象可以是企业的一个分部,也可以是整个企业集团。

2.【答案】 √

【解析】 系统初始化包括创建账套并设置相关信息、增加操作员并设置权限、设置系统公用基础信息等。有很多操作可以在系统使用后进行修改。

3.【答案】 √

【解析】 账套号是区别不同账套的唯一标识。

4.【答案】 ×

【解析】 通过设置权限,用户不能进行没有权限的操作,也不能查看没有权限的数据。

5.【答案】 √

【解析】 职员档案主要用于本单位职员的个人信息资料,设置职员档案可以方便地进行个人往来核算和管理等操作。

6.【答案】 ×

【解析】 输入客户档案时,必须先选择末级分类,然后才能输入客户档案。

7.【答案】 ×

【解析】 设置客户信息的目的也是为了方便企业对销售、应收账款等进行管理。

8.【答案】 ×

【解析】 ①直接汇率法,是以一个单位的外国货币为标准来计算应付多少单位本国货币,计算方法为:原币×汇率=本位币;②间接汇率法,是以一定单位的本国货币为标准来计算应收多少单位的外国货币,计算方法为:原币÷汇率=本位币。

9.【答案】 √

【解析】 设置会计科目是填制会计凭证、记账、编制报表等各项工作的基础。

10.【答案】 ×

【解析】 修改或删除会计科目应遵循"自下而上"的原则,即先删除或修改下一级科目,然后再删除或修改本级科目。

11.【答案】 √

【解析】 已有发生额或余额的会计科目,应先将会计科目及其下级科目金额清零后再进行修改或删除操作。

第三节 账务处理模块的应用

一、单项选择题

1.【答案】 D

【解析】 在系统中一般只需要对末级科目录入期初余额,系统会根据下级会计科目自动汇总生成上级会计科目的期初余额。

2.【答案】 D

【解析】 账务系统中,记账凭证的编号应由计算机自动编号,编号必须连续,如果分类,应分类编号。

3.【答案】 B

【解析】 凭证的无痕迹修改只能在记账前进行。

4.【答案】 A

【解析】 在电算化方式下,记账凭证经审核签字后,由有记账权限的操作员通过记账功能发出记账指令,由计算机按照会计软件预先设计的记账程序自动进行合法性校验、科目汇总并登记总账和明细账、日记账以及备查账等。未经审核的凭证不可进行记账。

5.【答案】 D

【解析】 在计算机账务处理系统中,记账后的凭证发现错误时,应采用红字冲销或补充登记的方法进行修改;已记账的凭证不可以修改或删除。

6.【答案】 B

【解析】 录入的对账单内容一般包括入账日期、结算方式、结算单据字号、借方发生额、贷方发生额,余额由系统自动计算。

7.【答案】 D

【解析】 系统进行自动对账的条件一般包括:业务发生的日期、结算方式、结算票号、发生金额相同等。其中,发生金额相同是对账的基本条件,对于其他条件,用户可以根据需要自定义选择。

8.【答案】 A

【解析】 结账后,不能输入本月凭证,但可输入下月凭证。

9.【答案】 C

【解析】 使用总账系统时,正确的处理过程是输入凭证→出纳签字→审核凭证→登记账簿→查询账簿。

二、多项选择题

1. 【答案】 ABCD

   【解析】 账务处理模块是在建立会计科目(账户)体系的基础上,以输入凭证为起点,经过系列加工处理,完成记账、结账以及对账工作,输出各种总分类账、日记账、明细账和有关辅助账,通常又被称为总账模块。

2. 【答案】 ABD

   【解析】 输入会计核算所必需的期初数据及有关资料,包括总分类会计科目和明细分类会计科目名称、编号、年初数、期初数、累计发生额及有关数量指标等。

3. 【答案】 AD

   【解析】 并不是所有的科目都必须输入期初余额,对于损益类科目一般没有期初余额。如果已经记过账,则不能再录入、修改期初余额,也不能执行"结转上年余额"功能。

4. 【答案】 ABCD

   【解析】 记账凭证所包含的内容有:凭证类别、凭证编号、制单日期、附件张数、摘要、会计科目、发生金额、制单人等。

5. 【答案】 ABCD

   【解析】 填制凭证输入科目时,可以输入科目编码、中文科目名称、英文科目名称或助记码等。科目编码必须是末级的科目编码,既可以手工直接输入,也可选择输入。

6. 【答案】 ABCD

   【解析】 凭证录入的输入校验,除上述选项外,还包括发生额是否满足"有借必有贷,借贷必相等"的记账凭证要求,在使用手工填制凭证号的情况下还需校验凭证号的合理性。

7. 【答案】 ABCD

   【解析】 对于凭证的修改可以分为几种情况:①未审核的凭证可以直接修改;②已审核的凭证需要取消审核后再修改;③已记账的凭证只能通过红字冲销法或补充登记法进行更正。

8. 【答案】 CD

   【解析】 在系统中需要进行出纳签字的收付款凭证有两种:①未进行出纳签字的收付款凭证;②经出纳签字,但在记账前发现有问题,利用出纳签字功能将其出纳标志改为未签字,也就是所谓的取消出纳签字。

9. 【答案】 AB

   【解析】 凭证的审核必须由具有审核权限的操作员注册进入系统,审核录入员录入的凭证,而凭证的输入则需要录入员根据原始凭证进行手工输入,计算机也可以在总账以外的其他子系统中根据输入的原始凭证自动生成部分记账凭证。

10.【答案】 ABCD

【解析】 在"凭证列表"窗口中,可以在"查询"文本框中输入有关关键字,如日期、凭证字号、摘要、科目、金额等,来查询符合条件的凭证。

11.【答案】 ABCD

【解析】 出纳管理的主要工作包括:库存现金日记账、银行存款日记账和资金日报表的管理,支票管理,进行银行对账并输出银行存款余额调节表。

12.【答案】 ABC

【解析】 支票管理功能主要包括支票的购置、领用和报销。

13.【答案】 BCD

【解析】 科目账查询包括总账查询、明细账查询、余额表查询、多栏账查询以及日记账查询。

14.【答案】 ABCD

【解析】 辅助账查询一般包括客户往来、供应商往来、个人往来、部门核算、项目核算的辅助总账、辅助明细账查询。

15.【答案】 ACD

【解析】 账务处理模块的期末处理是指会计人员在每个会计期间的期末所要完成的特定业务,主要包括会计期末的转账、对账、结账等。

16.【答案】 BCD

【解析】 对账主要包括总账和明细账、总账和辅助账、明细账和辅助账的核对。

17.【答案】 BCD

【解析】 结账主要包括计算和结转各账簿的本期发生额和期末余额,终止本期的账务处理工作,并将会计科目余额结转至下月作为月初余额。

18.【答案】 ABCD

【解析】 期末结账是很重要的一项工作。结账前要进行很多项内容的检查,只有各项检查都通过了,才能结账。

19.【答案】 ABC

【解析】 "编制报表"不属于账务处理的内容。

三、判断题

1.【答案】 ×

【解析】 在账务处理模块中,常见的参数设置包括:凭证编号方式、是否允许操作人员修改他人凭证、凭证是否必须输入结算方式和结算号、现金流量科目是否必须输入现金流量项目、出纳凭证是否必须经过出纳签字、是否对资金及往来科目实行赤字提示等。

2.【答案】 ×

　　【解析】 期初余额录入是将手工会计资料录入计算机的过程之一。余额和累计发生额的录入要从最末级科目开始,上级科目的余额和累计发生数据由系统自动计算。

3.【答案】 ×

　　【解析】 作废凭证仍保留在会计软件系统中,只是在凭证左上角显示"作废"字样,其可以通过取消作废恢复为有效凭证;而凭证删除以后不能再恢复。

4.【答案】 ×

　　【解析】 经过凭证记账操作后,科目期初余额会变为浏览只读状态,不能直接进行修改,只能将涉及的凭证取消记账以后才能进行修改。

5.【答案】 ×

　　【解析】 对已经输入但未登记会计账簿的机内记账凭证应提供修改和审核的功能,审核通过后不能对机内记账凭证进行直接修改,必须先取消审核后再进行修改。

6.【答案】 ×

　　【解析】 会计核算软件具有查询机内会计数据的功能,发现错账时,不可以随时修改,要按照规定程序进行数据修改。

7.【答案】 √

　　【解析】 本题对银行对账的表述正确。

8.【答案】 √

　　【解析】 在对银行账进行两清勾对后,计算机自动整理汇总未记账和已记账,生成"银行存款余额调节表",以便检查对账是否正确。

9.【答案】 √

　　【解析】 除了自动对账外,系统一般还提供手工对账功能。自动对账无法识别的已达账项,由人工识别勾对。

10.【答案】 ×

　　【解析】 用户可以在系统中查询余额调节表,但不能对其进行修改。

11.【答案】 ×

　　【解析】 自动转账的目的在于减少工作量,避免会计人员重复录入此类凭证,提高记账凭证录入的速度和准确度。

12.【答案】 √

　　【解析】 保存系统自动生成的转账凭证时,系统同样会对凭证进行校验,只有通过了系统校验的凭证才能进行保存。

13.【答案】 √

　　【解析】 结账只能由具有结账权限的人进行。在结账前,最好进行数据备份,一旦结账后发现业务处理有误,可以利用备份数据恢复到结账前的状态。

第四节 固定资产管理模块的应用

一、单项选择题

1.【答案】 D

【解析】 每一个固定资产都应有其相对应的资产编号,编号是根据初始化时定义的卡片编码方案自动生成,一经生成,不能修改。

2.【答案】 C

【解析】 固定资产的使用状况包括:在用、经营性出租、大修理停用、季节性停用、不需要和未使用。选项C,是固定资产的减少方式。

3.【答案】 B

【解析】 存放地点变动不需要填制相应的记账凭证。

4.【答案】 A

【解析】 固定资产管理模块对账功能主要是指与账务处理模块进行对账。对账工作主要是为了保证固定资产管理模块的资产价值、折旧、减值准备等与账务处理模块中对应科目的金额相一致。

5.【答案】 B

【解析】 固定资产系统能够提供的折旧表有:固定资产折旧计算明细表、部门折旧计提汇总表、固定资产及累计折旧表。

二、多项选择题

1.【答案】 ABCD

【解析】 一般的固定资产管理模块具有管理固定资产卡片、管理固定资产增减变动的情况、计提折旧及计算净值、生成固定资产凭证等功能。

2.【答案】 ABD

【解析】 启用会计期间是指固定资产管理模块开始使用的时间。在此注意两个问题:①固定资产管理模块的启用会计期间不得早于系统中该账套建立的期间;②设置启用会计期间在第一次进入固定资产管理模块时进行。

3.【答案】 ABCD

【解析】 设置折旧方法是系统自动计算折旧的基础。固定资产计提折旧的方法包括:不提折旧、平均年限法、工作量法、年数总和法和双倍余额递减法。

4.【答案】 ABCD

【解析】 固定资产卡片记录固定资产的详细信息,一般包括:固定资产编号、名称、类别、规格型号、使用部门、增加方式、使用状况、预计使用年限、残值率、折旧方法、开始使用日期、原值、累计折旧等。

5.【答案】 BC

【解析】 设置折旧相关内容一般包括：是否计提折旧、折旧率小数位数等。

6. 【答案】 BC

   【解析】 固定资产管理系统的日常业务处理主要包括固定资产增加、减少、固定资产变动和生成记账凭证。原始卡片录入是初始化工作，对账是期末处理工作。

7. 【答案】 ABCD

   【解析】 折旧要素的变更包括使用年限调整、折旧方法调整、净残值（率）调整、累计折旧调整等。

8. 【答案】 ABD

   【解析】 固定资产非价值信息变更包括固定资产的使用部门变动、使用状况变动、存放地点变动等。

9. 【答案】 ABCD

   【解析】 固定资产报表包括固定资产明细账、固定资产折旧表、固定资产变动情况表、折旧费用分配表等。固定资产管理模块提供了对这些账表的查询功能，用户可以对固定资产相关信息按照不同标准进行分类、汇总、分析和输出，以满足各方面管理决策的需要。

三、判断题

1. 【答案】 ×

   【解析】 固定资产账套参数在建账完成后不能修改。

2. 【答案】 ×

   【解析】 如果确定不计提折旧，则不能操作账套内与折旧有关的功能。

3. 【答案】 √

   【解析】 固定资产减少的方式主要有：出售、盘亏、投资转出、捐赠转出、报废、毁损、融资租出等。

4. 【答案】 ×

   【解析】 不同使用状况的固定资产折旧计提处理不同，所以企业需明确固定资产的使用状况，根据使用状况设置相应的折旧规则。

5. 【答案】 √

   【解析】 在会计核算软件中，必须为固定资产类别指定计提折旧的方法。

6. 【答案】 ×

   【解析】 固定资产减少的方式主要有：出售、盘亏、投资转出、捐赠转出、报废、毁损、融资租出等。

7. 【答案】 ×

   【解析】 系统一般会列出每种折旧方法的默认折旧计算公式，企业也可以根据需要，定义适合自己的折旧方法的名称和计算公式，但不能修改系统默认的折旧方法。

8.【答案】 √

【解析】 系统根据固定资产折旧分配表把折旧费用进行分配,生成记账凭证。

9.【答案】 √

【解析】 固定资产管理模块提供自动计提折旧的功能。

10.【答案】 ×

【解析】 在固定资产原值变动后,需要对固定资产卡片进行数据修改和填写备注,通过"固定资产凭证"功能生成记账凭证。

11.【答案】 ×

【解析】 在固定资产模块下生成的记账凭证,视同账务处理模块中业务凭证一样,需要进行凭证审核和记账操作。

12.【答案】 ×

【解析】 用户在固定资产管理模块中完成本月全部业务和生成记账凭证并对账正确后,可以进行月末结账。结账每月进行一次,结账后,本月不能再录入和修改数据。

第五节 工资管理模块的应用

一、单项选择题

1.【答案】 C

【解析】 企业在使用工资核算系统之前应对企业的部门和人员进行整理分类和编码。固定资产、材料和产品不属于工资核算系统。

2.【答案】 C

【解析】 工资管理模块中,工资数据编辑的所有项目内容来自工资项目定义。

3.【答案】 A

【解析】 在工资管理模块中,可将工资数据分成两大类,即基本不变数据和变动数据。基本工资属于基本不变数据,实发工资、请假天数、每月扣款属于变动数据。

4.【答案】 D

【解析】 账务处理系统与工资核算系统之间的数据应通过自动转账凭证自动完成。

5.【答案】 C

【解析】 工资数据处理结果最终通过工资报表的形式来反映,工资管理模块提供了主要的工资报表,报表的格式由会计软件提供,如果对报表提供的固定格式不满意,用户也可以自行设计。

二、多项选择题

1.【答案】 ABC

【解析】 工资管理模块的功能是进行工资核算和管理:包括完成员工工资数

据的收集、员工工资的核算、工资发放、工资费用的汇总和分摊、个人所得税计算、工资分析、查询和打印输出。

2.【答案】 ACD

【解析】 企业一般可按人员、部门或时间等设置多个工资类别。

3.【答案】 ABD

【解析】 设置工资项目是计算工资的基础,包括工资项目名称、类型、数据长度、小数位数等。

4.【答案】 BCD

【解析】 为了计算与申报个人所得税,需要对个人所得税进行相应的设置。设置内容具体包括:基本扣减额、所得项目、累进税率表等。

5.【答案】 ABCD

【解析】 工资费用分摊项目一般包括应付工资、应付福利费、职工教育经费、工会经费、各类保险等。

6.【答案】 ABCD

【解析】 工资表主要用于对本月工资发放和统计,包括工资发放表、工资汇总表等。工资分析表是以工资数据为基础,对按部门、人员等方式分类的工资数据进行分析和比较,产生各种分析表,供决策人员使用。

三、判断题

1.【答案】 ×

【解析】 人员编码是唯一的,是不可以重复的。

2.【答案】 ×

【解析】 在工资管理系统中,应先设置工资项目,再由具体的工资项目确定工资计算公式。

3.【答案】 ×

【解析】 已建立的工资表,如果某些信息发生了录入错误或后期发生了改变,可以对其进行修改操作。

4.【答案】 √

【解析】 当工资数据修改后,系统会自动更正各部门、各人员类别的工资总额。

5.【答案】 √

【解析】 工资变动数据录入是指输入某个期间内工资项目中相对变动的数据,如奖金、请假扣款等。

6.【答案】 √

【解析】 工资费用分摊完成后,系统会自动生成完整的机制转账凭证并自动传递到总账的记账凭证临时文件中,完成转账凭证的入账工作。

7.【答案】 √

【解析】 由于在工资项目中,有的项目是变动的。即每月的数据均不相同,在每月工资处理时,均需将这些数据清零,而后输入当月的数据,此类项目即为清零项目。

8.【答案】 √

【解析】 工资管理系统与总账系统、成本管理系统、报表管理系统、项目管理系统进行数据传递。

第六节 应收管理模块的应用

一、单项选择题

1.【答案】 A

【解析】 因赊销商品而形成应收账款。

2.【答案】 C

【解析】 在应收管理模块初始化中,需要录入每笔未核销的往来业务单据,以防销售款项的遗漏。

3.【答案】 A

【解析】 应收冲应收是指将一家客户的应收款转到另一家客户中。通过将应收款业务在客户之间转入、转出,实现应收业务的调整,解决应收款业务在不同客户间入错户和合并户等问题。

4.【答案】 D

【解析】 为了严格控制企业的销售业务,应收账款核算系统中录入的销售发票的发票号在本年内不能跳号或重复。

二、多项选择题

1.【答案】 ABD

【解析】 应收管理模块主要用于核算和管理客户往来款项,是以发票、费用单、其他应收单等原始单据为依据,记录销售业务及其他业务所形成的往来款项,处理应收账款的收回、坏账、转账等情况,同时提供票据处理功能。

2.【答案】 AB

【解析】 应收管理模块一般提供按单据、按存货等核销方式。

3.【答案】 ABD

【解析】 应收管理模块的日常处理工作应包括应收单据处理、收款单处理、单据核销等。选项A、选项B和选项D,均是初始化设置工作的内容。

4.【答案】 ABCD

【解析】 应收管理模块具有销售发票与其他应收单的新增、修改、删除、查询、预览、打印、制单、审核记账以及其他处理功能。

5.【答案】 ACD

【解析】 坏账准备计提的方法有应收账款余额百分比法、账龄分析法和销售收入百分比法。

6.【答案】 ABCD

【解析】 应收账款查询包括单据查询和账表查询。选项A和选项D,属于单据查询,选项B和选项C,属于账表查询。

三、判断题

1.【答案】 ×

【解析】 单据核销主要用于建立收款与应收款的核销记录,加强往来款项的管理,同时核销日期也是账龄分析的重要依据。

2.【答案】 ×

【解析】 初次使用应收管理模块时,要将系统启用前未处理完的所有客户的应收账款、预收账款、应收票据等数据录入系统。当第二年度处理时,应收管理模块自动将上年未处理完的单据转为下一年的期初余额。

3.【答案】 √

【解析】 设置账龄区间是指为进行应收账款账龄分析,根据欠款时间,将应收账款划分为若干等级,以便掌握客户欠款时间的长短。

4.【答案】 ×

【解析】 应收冲应收是指将一家客户的应收款转到另一家客户账户中。

第七节 应付管理模块的应用

一、单项选择题

1.【答案】 B

【解析】 应付账款系统接收采购系统录入的发票,由系统生成凭证,并对发票进行付款结算处理。

2.【答案】 D

【解析】 付款单据处理主要包括对付款单和预付单进行新增、修改、删除等操作。

3.【答案】 D

【解析】 已结账月份的凭证不能进行任何处理操作。

二、多项选择题

1.【答案】 ABC

【解析】 应付管理模块初始化工作包括控制参数的设置、基础信息的设置和期初余额的录入。选项D,应付单据处理是日常处理工作。

2.【答案】 AB

【解析】 控制参数设置包括基础信息设置、应付款核销设置和规则选项,其中基础信息设置主要包括企业名称、银行账号、启用年份与会计期间设置。选项C和选项D,属于基础信息设置的内容。

3.【答案】 ABD

【解析】 应付管理模块中的转账处理包括应付冲应付、预付冲应付、应付冲应收。

4.【答案】 CD

【解析】 票据管理用来管理企业因采购商品、接受劳务等而开出的商业汇票,包括银行承兑汇票和商业承兑汇票。

三、判断题

1.【答案】 ×

【解析】 应付款系统的启用期间可以大于等于账套的启用期间。

2.【答案】 √

【解析】 在应收/应付管理系统初始化设置中,必须进行账龄区间设置,否则统计分析下的账龄分析功能无法进行。

3.【答案】 ×

【解析】 应付冲应付是指将一家供应商的应付款转到另一家供应商中,是在不形成付款的同时减少一家供应商的应付而增加另一家供应商的应付,其中一家的应付减少,增加到另一家供应商处,并未形成真正的付款,是一个并账的过程。

第八节 报表管理模块的应用

一、单项选择题

1.【答案】 D

【解析】 报表尺寸定义的目的是确定报表的行数和列数。

2.【答案】 C

【解析】 在会计报表系统中,由于表栏的宽度小于数据的实际宽度,导致了报表数据产生溢出。

3.【答案】 C

【解析】 舍位平衡公式用于报表数据进行进位或小数取整后调整数据,如将以"元"为单位的报表数据变成以"万元"为单位的报表数据,表中的平衡关系仍然成立。

4.【答案】 A

【解析】 选项B、选项C和选项D,均能实现报表文件的保存,选项A,则不能。

5.【答案】 C

【解析】 网络传送是通过计算机网络将各种报表从一个工作站传递到另一个或几个工作站的报表传输方式。

二、多项选择题

1.【答案】 ABCD

【解析】 报表管理系统可以为账务处理模块、工资模块、固定资产模块、应收管理模块以及应付管理模块提供数据输出功能。

2.【答案】 ABCD

【解析】 报表格式设置的具体内容一般包括:定义报表尺寸、定义报表行高列宽、画表格线、定义单元属性、定义组合单元、设置关键字等。

3.【答案】 ABC

【解析】 在报表中,由于各报表的数据间存在着密切的逻辑关系,所以报表中各数据的采集、运算需要使用不同的公式。在报表中,主要有计算公式、审核公式和舍位平衡公式。

4.【答案】 ABD

【解析】 计算公式是指对报表数据单元进行赋值的公式,是必须定义的公式。计算公式的作用是从账簿、凭证、本表或他表等处调用、运算所需要的数据,并填入相关的单元格中。选项C,审核公式由关系公式和提示信息组成。

5.【答案】 BC

【解析】 在报表中,主要有计算公式、审核公式和舍位平衡公式。其中计算公式是必须定义的,审核公式和舍位平衡公式不是必须定义的。

6.【答案】 ABCD

【解析】 会计报表按输出方式的不同,通常分为屏幕查询输出、图形输出、磁盘输出、打印输出和网络传送五种类型。

7.【答案】 AC

【解析】 不同的会计报表,打印输出的要求不同,其中现金日记账和银行存款日记账需要每日打印,资产负债表和利润表等月报要求每月打印。

三、判断题

1.【答案】 ×

【解析】 在会计报表中,某些数据可能取自某会计期间同一会计报表的数据,也可能取自某会计期间其他会计报表的数据。

2.【答案】 ×

【解析】 在通用报表系统中,修饰报表的主要工作包括设置文字的字体与大小,改变文字在单元中的位置,但不包括设置取数公式。

3.【答案】 ×

【解析】 把几个单元作为一个单元来使用即为组合单元。所有针对单元的操作对组合单元同样有效。

4.【答案】 √

【解析】 报表输出通常分为:屏幕查询输出、图形输出、磁盘输出、打印输出和网络传送五种类型。

5.【答案】 ×

【解析】 用户不仅可以修改系统提供报表模板中的公式,而且可以生成、调用自行设计的报表模板。

【本章习题必练】答案及解析

一、单项选择题

1.【答案】 C

【解析】 建立账套时需要根据企业的具体情况和核算要求设置相关信息,账套信息有账套号、企业名称、企业性质、记账本位币、会计期间等。选项A、选项B和选项D,均属于建立账套时需要建立的信息,而选项C,属于系统初始化时主要任务之一。

2.【答案】 A

【解析】 账套启用日期一经确定,是不能更改的,若账套建好后仍要再启用账套的,可以以账套主管的身份重新启用。

3.【答案】 C

【解析】 ①借方必有:制单时,此类凭证的借方至少有一个限制科目有发生额;②贷方必有:制单时,此类凭证的贷方至少有一个限制科目有发生额;③凭证必有:制单时,此类凭证无论借方还是贷方至少有一个限制科目有发生额;④凭证必无:制单时,此类凭证无论借方还是贷方不可有一个限制科目有发生额;⑤无限制:制单时,此类凭证可使用所有合法的科目。

4.【答案】 C

【解析】 如果单位是每月录入一次汇率,则可在每月1日录入汇率,将"汇率匹配方式"设置为"向前";如果单位每天的汇率都在变,则可每天录入汇率,将"汇率匹配方式"设置为"向后"。

5.【答案】 C

【解析】 使用总账系统,输入科目编码时,编码不能重复、科目编码要符合规定、科目编码位数要符合编码规则,而明细科目要输入本级编码和上级编码。

6.【答案】 C

【解析】 账页格式一般包括普通三栏式、数量金额式、外币金额式等格式。当会计科目有数量核算时,账簿格式一般设置为数量金额式;当会计科目有外币核算要求时,账簿格式设置为外币金额式。

7.【答案】 D

【解析】 在账务核算系统中,"应收账款"账户是通过单位往来辅助核算的。故选选项D。

8.【答案】 C

【解析】 使用总账系统,在日常账务处理中最频繁的工作是输入凭证。

9.【答案】 D

【解析】 填制凭证时的日期,默认为填制凭证当天的计算机系统日期,凭证日期应大于或等于系统启用日期,但不能超过计算机系统日期,如果日期不对,可以进行修改或者参照输入。

10.【答案】 C

【解析】 审核员与录入员各有其责,审核后的凭证不能直接修改,需要取消审核后,由原录入人员修改。

11.【答案】 B

【解析】 出纳主要负责库存现金和银行存款的管理,出纳管理的主要工作包括库存现金日记账、银行存款日记账和资金日报表的管理、支票管理、银行对账等。凭证录入是账务处理模块的功能。

12.【答案】 C

【解析】 执行期末结转操作后,系统一般能够自动搜索和识别损益类科目,并将它们的期末余额转到"本年利润"账户中。对于生成的凭证需要设置凭证类别,一般凭证类别为转账凭证。

13.【答案】 C

【解析】 固定资产的减少方式有出售、盘亏、投资转出、捐赠转出、报废、毁损、融资租出等。选项C,是固定资产的增加方式。

14.【答案】 B

【解析】 在系统操作中,固定资产减少业务的核算不是直接减少固定资产的价值,而是需要输入固定资产减少卡片,并说明减少原因,记录业务的具体信息和过程,保留审计线索。

15.【答案】 B

【解析】 工资表的基础信息包括：①设置工资类别；②设置工资项目；③设置工资项目计算公式；④设置工资类别所对应部门；⑤设置所得税；⑥设置工资费用分摊。

16.【答案】 A

【解析】 职工类别指按某种特定分类方式将职工分成若干类型，不同类型的职工工资水平可能不同。职工类别有助于实现工资的多级管理，也便于工资汇总计算和分配。题中为了区别生产人员和管理人员的工资，工资核算系统应该设置生产人员和管理人员职工类别。

17.【答案】 B

【解析】 如果修改了某些工资数据或重新设置了工资计算公式，需利用工资数据计算功能对工资数据进行重新计算，以保证工资数据的准确性。

18.【答案】 A

【解析】 应收系统期初数据主要包括：将系统启用前未处理完的所有客户的应收账款、预收账款、应收票据等数据录入系统中。

19.【答案】 C

【解析】 本题描述的是单据核销的含义。

20.【答案】 D

【解析】 以采购发票和付款单为原始数据，完成各种应付款的登记、核销以及应付款分析的模块是应付管理模块。

21.【答案】 ABCD

【解析】 定义单元属性包括设置单元类型及数据格式、数据类型、对齐方式、字型、字体、字号及颜色、边框样式等内容。

22.【答案】 C

【解析】 报表公式设置是实现计算机自动处理报表数据的关键步骤。

二、多项选择题

1.【答案】 ABD

【解析】 模块级初始化是设置特定模块运行过程中所需要的参数、数据和本模块的基础信息，以保证模块按照企业的要求正常运行。模块级初始化内容主要包括：①设置系统控制参数；②设置基础信息；③录入初始数据。

2.【答案】 ABC

【解析】 期末转账、对账、结账以及编制报表等业务属于会计软件的期末处理业务。选项D，凭证记账属于日常处理工作。

3.【答案】 ABCD

【解析】 账套是指存放会计核算对象的所有会计业务数据文件的总称，账套中包含的文件有会计科目、记账凭证、会计账簿、会计报表等。

4.【答案】 ABCD

【解析】 设置编码的对象包括部门、职员、客户、供应商、科目、存货分类、成本对象、结算方式和地区分类等。

5.【答案】 ABCD

【解析】 项目是指一个特定的核算对象或成本归集对象。设置项目信息,一般包括定义核算项目,建立项目档案,输入其名称、代码等。

6.【答案】 ABCD

【解析】 设置凭证类别是指对记账凭证进行分类编制,内容包括凭证类型编码、凭证类型名称、限制类型及限制科目等。

7.【答案】 ABD

【解析】 企业所使用的会计科目的名称可以是汉字、英文字母、数字等符号,但不能为空。

8.【答案】 ABCD

【解析】 按照国家统一的会计准则制度要求,会计科目按其性质划分为资产类、负债类、共同类、所有者权益类、成本类和损益类共六种类型。

9.【答案】 BCD

【解析】 账页格式用于定义该会计科目在账簿打印时的默认打印格式。一般可以分为普通三栏式、数量金额式、外币金额式等格式。

10.【答案】 ABCD

【解析】 在账务处理模块中,常见的参数设置包括:凭证编号方式、是否允许操作人员修改他人凭证、凭证是否必须输入结算方式和结算号、现金流量科目是否必须输入现金流量项目、出纳凭证是否必须经过出纳签字、是否对资金及往来科目实行赤字提示等。

11.【答案】 ABD

【解析】 假如企业从2014年7月份开始启用账套,那么该企业应将各会计科目6月份的期末余额以及1~6月份的借贷累计发生额计算出来,然后录入系统中,系统会自动计算出2014年年初的科目余额。

12.【答案】 BC

【解析】 凭证一旦保存,其凭证类别、凭证编号不能修改。

13.【答案】 ABD

【解析】 上月未记账月末就不能结账,因此本月也不能记账。

14.【答案】 ABCD

【解析】 登记的内容包括购置支票的银行账号、购置支票的支票规则、购置的支票类型、购置日期等。

15.【答案】 ABCD

　　【解析】 余额表用于查询统计各级会计科目的期初余额、本期发生额、累计发生额和期末余额等。

16.【答案】 ABC

　　【解析】 固定资产初始化设置包括设置控制参数、设置基础信息以及录入原始卡片等内容。选项D,计提折旧是固定资产期末处理工作。

17.【答案】 ABCD

　　【解析】 固定资产增加方式有直接购买、投资者投入、捐赠、盘盈、在建工程转入、融资租入等。

18.【答案】 ABCD

　　【解析】 固定资产管理系统中的资产变动包括:原值变动、部门转移、使用状况变动、折旧方法调整、累计折旧调整、使用年限调整、工作总量调整、净残值率调整等多种情形。

19.【答案】 ABC

　　【解析】 固定资产管理模块中的期末处理工作主要包括计提折旧、对账、月末结账、相关数据查询。选项D,固定资产变动是日常处理工作。

20.【答案】 ABC

　　【解析】 工资管理系统是针对企业内部人员工资管理而设计的功能模块,不涉及客户的设置。

21.【答案】 ABD

　　【解析】 工资项目的类型有三种选择:数字型、文字型和日期型。

22.【答案】 ABCD

　　【解析】 由于工资数据具有来源分散等特点,工资管理模块一般提供以下数据输入方式:单个记录录入、成组数据录入、按条件成批替换、公式计算、从外部直接导入数据。

23.【答案】 ABCD

　　【解析】 应收管理模块初始化工作主要包括控制参数和基础信息的设置、期初余额录入,控制参数的录入包括基本信息的设置、坏账处理方式的设置、应收款核销方式的设置、规则选项;基础信息的设置包括设置会计科目、设置对应科目的结算方式和设置账龄区间。

24.【答案】 ABD

　　【解析】 期初余额录入一般包括初始单据、初始票据、初始坏账的录入。

25.【答案】 ABC

　　【解析】 坏账准备涉及的主要有:坏账准备的计提、坏账发生和坏账收回。

26.【答案】 AC

【解析】 应付管理模块一般提供按单据、按存货等核销方式。

27. 【答案】 ABCD

　　【解析】 应付账款查询包括单据查询和账表查询。单据查询主要是对采购发票和付款单等单据的查询。账表查询主要是对往来总账、往来明细账、往来余额表的查询,以及总账、明细账、单据之间的联查。

28. 【答案】 ABCD

　　【解析】 会计报表数据也可以来源于系统内的其他模块,包括账务处理模块、固定资产管理模块、工资管理模块、应收管理模块、应付管理模块等。

29. 【答案】 ABCD

　　【解析】 计算公式的作用是从账簿、凭证、本表或他表等处调用、运算所需要的数据,并填入相关的单元格中。

三、判断题

1. 【答案】 ×

　　【解析】 系统初始化的内容包括系统级初始化和模块级初始化。

2. 【答案】 ×

　　【解析】 在同一会计软件中可以建立一个或多个账套。

3. 【答案】 ×

　　【解析】 会计软件的操作员是有操作权限限制的,账套参数的修改操作只有账套主管有权限进行。

4. 【答案】 ×

　　【解析】 账套主管负责定义各操作人员的权限,具体操作人员只有修改自己口令的权限,无权更改自己和他人的操作权限。

5. 【答案】 √

　　【解析】 采购、库存、应付账款是应付管理模块应用中的内容,其中涉及的供应商信息,应先利用基础档案中的供应商信息进行设置。

6. 【答案】 ×

　　【解析】 如果录入的记账凭证不符合用户设置的限制条件或限制科目,系统会提示错误,要求修改,直至符合为止。

7. 【答案】 √

　　【解析】 外币核算、数量核算等辅助核算的设置都是根据具体科目的需要情况进行判断是否需要设置,并不是每个科目都需要进行外币核算、数量核算设置。

8. 【答案】 ×

　　【解析】 在账务处理系统中,会计科目存在总账和下属明细账科目时,总账科目不允许被删除。

9.【答案】 ×

【解析】 如果增加的是二级或其以下会计科目,则系统将自动与其一级会计科目类型保持一致,用户不能更改。

10.【答案】 ×

【解析】 会计科目初始数据录入是指第一次使用账务处理模块时,用户需要在开始日常核算工作前将会计科目的初始余额以及发生额等相关数据输入系统中。

11.【答案】 √

【解析】 本题描述的是财务处理软件的平衡校验功能。

12.【答案】 √

【解析】 已经过出纳签字的凭证,不能直接进行修改、删除,若修改需取消出纳签字方可。

13.【答案】 √

【解析】 在会计核算软件中,保存凭证的时候,将检查记账凭证是否符合"有借必有贷,借贷必相等"原则,如果不符合,则无法保存。

14.【答案】 ×

【解析】 记账后若发现凭证有错误,不能直接修改,可用红字冲销法或补充登记法进行更正。

15.【答案】 √

【解析】 自动进行银行对账并自动生成"银行存款余额调节表"是银行对账的基本功能。

16.【答案】 ×

【解析】 在总账查询窗口下,系统一般允许联查当前会计科目的当前月份的明细账。

17.【答案】 ×

【解析】 在电算化方式下,结账工作与手工操作相比简单得多,结账是一种成批数据处理,每月只结账一次,结账主要是对当月日常处理限制和对下月账簿的初始化,均由计算机自动完成。

18.【答案】 √

【解析】 对于业务量较少的账户,会计软件可以提供会计账簿的满页打印输出功能。

19.【答案】 √

【解析】 折旧对应科目是指折旧费用的入账科目。固定资产计提折旧后必须设定折旧数据应归入哪个成本或费用科目。

20.【答案】 ×

【解析】 固定资产卡片编码可以自动编码或需要用户手工录入。

21.【答案】×

【解析】 当月减少的固定资产,当月计提折旧;当月增加的固定资产,当月不计提折旧。

22.【答案】×

【解析】 固定资产管理模块生成的凭证只能在固定资产管理模块修改或删除,在总账系统中只进行审核、记账操作。

23.【答案】×

【解析】 不同工资类别的工资项目可以不相同,计算公式也可以不相同。

24.【答案】×

【解析】 工资管理模块的日常处理工作包括工资变动数据录入、个人所得税计算、工资分摊、生成记账凭证。

25.【答案】×

【解析】 当审核记账凭证时发现工资费用结转凭证有错误,需要返回到工资管理模块修改凭证,不能在总账系统中直接进行修改。

26.【答案】√

【解析】 系统可以对不同的工资类别分别进行期末结账。

27.【答案】×

【解析】 客户档案用于存放客户基本信息以及按客户统计的应收账款数据,系统正式启用之后对客户档案能随时增删客户。

28.【答案】√

【解析】 转账处理是指往来款项的对冲处理,应收管理模块的转账处理主要包括应收冲应收、预收冲应收和应收冲应付,目的是为了避免往来款项多头挂账现象。

29.【答案】×

【解析】 当第二年度处理时,应收管理模块会自动将上年未处理完的单据转为下一年的期初余额。

30.【答案】√

【解析】 单据核销主要用于建立收付款与应收付款的核销记录,加强往来款项的管理。应收款、应付款等往来业务的账目需要经常对账和核销。

31.【答案】√

【解析】 为了满足查询打印的需要,在报表尺寸设置完毕、报表输出前,还需要在适当的位置上画表格线。

32.【答案】×

【解析】 审核公式用于审核报表内或报表间的数据勾稽关系是否正确。审核公式不是必须定义的。

四、实务操作题

1.【答案】 在系统管理界面,点击"系统"→"注册",输入用户名"admin"→"确定",以操作员 admin 登录系统管理界面;点击"账套"→"建立",输入账套名称"山东明朗科技有限公司"→"下一步",输入单位名称"山东明朗科技有限公司",单位简称"明朗科技"→"下一步",默认选项→"下一步",选中四个复选框→"下一步",默认选项→"完成"→"是",按照要求设置分类编码方案→"确认"→"确认"→"确定"→"是",选择相应复选框,设置日期"2017年1月1日"→"确定"→"退出"。

2.【答案】 在系统管理界面,点击"权限"→"操作员"→"增加",输入编号"201",姓名"张浩峰",口令、确认口令"001",所属部门"财务部"→"增加"。参照上述操作方法完成其他操作员的新增。

3.【答案】 在系统管理界面,点击"权限"→"权限",选择操作员"张浩峰",选中"账套主管"复选框→"是",完成账套主管的设置;选择操作员"李立"→"增加",从"产品分类选择"中双击"GL总账"→"确定",参照上述操作方法设置王一萍的权限;选择操作员"赵晓娟"→"增加",从"产品分类选择"中依次双击"FA固定资产""WA工资管理",参照上述操作方法设置周梅的权限。

4.【答案】 在主操作界面,点击"基础设置"→"机构设置"→"部门档案",输入部门编码"1",部门名称"行政部"→"保存"。参照上述操作方法完成其他部门档案的新增。

5.【答案】 在主操作界面,点击"基础设置"→"机构设置"→"职员档案",输入职员编码"101",职员姓名"张涛",所属部门"行政部"→"增加"。参照上述操作方法完成其他职员档案的新增。

6.【答案】 在主操作界面,点击"基础设置"→"往来单位"→"客户分类",输入类别编码"1",类别名称"国有企业"→"保存",参照上述操作方法完成其他客户类型的新增;点击"基础设置"→"往来单位"→"供应商分类",输入类别编码"1",类别名称"国有企业"→"保存",参照上述操作方法完成其他供应商类型的新增。

7.【答案】 在主操作界面,点击"基础设置"→"往来单位"→"客户档案",从客户分类栏选择"2 私有企业"→"增加",输入客户编码"K001",客户名称"天津三安股份有限公司",客户简称"天津三安"→"保存"。参照上述操作方法完成其他客户档案的新增。

8.【答案】 在主操作界面,点击"基础设置"→"往来单位"→"供应商档案",从客户分类栏选择"1国有企业"→"增加",输入供应商编码"G001",供应商名称"济南新浪科技有限公司",供应商简称"新浪科技"→"保存"。参照上述操作方法完成其他供应商档案的新增。

9.【答案】 在主操作界面,点击"基础设置"→"基础档案初始化"→"结算方式",输入结算方式编码"1",结算方式名称"支票",选择"票据管理标志"复选框→"保存"。

10.【答案】 在主操作界面,点击"基础设置"→"财务"→"凭证类别",选择"收款凭证 付款凭证 转账凭证"→"确定",根据要求设置限制科目→"退出"。

11.【答案】 在主操作界面,点击"基础设置"→"财务"→"外币种类",输入币符"EUR",币名"欧元",汇率小数位"2",默认外币最大误差和折算方式→"确认",默认"固定汇率",在2017.01记账汇率处输入记账汇率"7.21"→"退出"。

12.【答案】 在主操作界面,点击"基础设置"→"财务"→"会计科目"→"编辑"→"指定科目",选择"现金总账科目",从"待选科目"栏选择"1001库存现金",单击向右的单箭头,选择"银行总账科目",从"待选科目"栏选择"1002银行存款",单击向右的单箭头→"确认"。

13.【答案】 在主操作界面,点击"基础设置"→"财务"→"会计科目"→"增加",输入科目编码"660201",科目中文名称"办公费",选择"部门核算"复选框→"确定"。参照上述操作方法完成其他会计科目的新增。

14.【答案】 在主操作界面,点击"基础设置"→"财务"→"会计科目",选择"应收账款"科目→"修改"→"修改",在"辅助核算"栏选择"客户往来"复选框→"确定"。

15.【答案】 在主操作界面,点击"总账"→"设置"→"期初余额",根据要求输入期初余额→"试算"→"确认"。

16.【答案】 在主操作界面,点击"文件"→"重新注册",更换用户名"202",密码"002",选择账套,修改操作日期"2017-01-06"→"确定";在总账系统界面,点击"填制凭证"→"增加",选择凭证类别"付",输入附单据数"1",第一行输入摘要"行政部购买办公用品",选择科目"660201",输入借方金额"800",回车到第二行,摘要自动生成,选择科目"1001",输入贷方金额"800"→"保存"→"确定"。

17.【答案】 在主操作界面,点击"文件"→"重新注册",输入密码"002",选择账套,修改操作日期"2017-01-08"→"确定";点击"总账"→"凭证"→"查询凭证",选择凭证类别"付 付款凭证",输入凭证号"1"→"确认"→"确定",将光标定位在要修改的位置上直接进行修改,把借贷方金额修改为"860"→"保存"→"确定"。

18.【答案】 在主操作界面,点击"文件"→"重新注册",输入密码"002",选择账套,修改操作日期"2017-01-15"→"确定";在总账系统界面,点击"填制凭证"→"增加",选择凭证类别"付",输入附单据数"1",第一行输入摘要"孙玉预借差旅费",选择科目"1221",输入借方金额"2 000",回车到第二行,摘要自动生成,选择科目"1001",输入贷方金额"2 000"→"保存"→"确定"。

19.【答案】 在主操作界面,点击"文件"→"重新注册",输入密码"002",选择账套,修改操作日期"2017-01-31"→"确定";点击"总账"→"凭证"→"出纳签字"→"确认"→"确定"→"签字"→"下张",参照上述操作方法完成其他凭证的出纳签字。

20.【答案】 在主操作界面,点击"文件"→"重新注册",更换用户名"203",密码"003",选择账套→"确定";在总账系统界面,点击"审核凭证"→"确认"→"确定"→"审核"→"下张",参照上述操作方法完成其他凭证的审核。

21.【答案】 在主操作界面,点击"文件"→"重新注册",更换用户名"201",密码"001",选择账套→"确定";在总账系统界面,点击"记账"→"全选"→"下一步"→"下一步"→"记账"→"确认"→"确定"。

22.【答案】 在主操作界面,点击"文件"→"重新注册",更换用户名"204",密码"004",选择账套,修改操作日期"2017-01-01"→"确定";点击"固定资产"→"是",选择"我同意"→"下一步",默认"2017.01"→"下一步",默认折旧方法等信息→"下一步",默认资产类别编码方式,固定资产编码方式选择"自动编码——类别编码+部门编码+序号",修改序号长度"2"→"下一步",固定资产对账科目选择"1601,固定资产",累计折旧对账科目选择"1602,累计折旧",其他选项默认→"下一步"→"完成"→"是"→"确定"。

23.【答案】 在固定资产界面,点击"设置"→"部门对应折旧科目",在列表视图区域选择"行政部"所在行→"操作",进入单张视图区域,设置折旧科目"660202"→"保存"。参照上述操作方法完成其他部门对应折旧科目的设置。

24.【答案】 在固定资产界面,点击"增减方式",在列表视图区域选择"直接购入"所在行的"对应入账科目"单元格→"操作",进入单张视图区域,设置对应入账科目"1002"→"保存"。参照上述操作方法完成其他固定资产增减方式的设置。

25.【答案】 在固定资产界面,点击"资产类别"→"增加",进入单张视图区域,输入类别编码"01",类别名称"电子设备",使用年限"15",净残值率"10%",默认计提属性和折旧方法→"保存"。参照上述操作方法完成其他固定资产类别的设置。

26.【答案】 在固定资产界面,点击"原始卡片录入",选择"01 电子设备"→"确认",输入固定资产名称"打印机",参照输入部门名称"财务部",增加方式"直接购入",使用状况"在用",输入开始使用日期"2016-06-07",原值"2 600",累计折旧"78"→"保存"→"确定"。

27.【答案】 在主操作界面,点击"文件"→"重新注册",输入密码"004",选择账套,修改操作日期"2017-01-20"→"确定";点击"资产增加",选择"02 交通运输设备"→"确认",输入固定资产名称"汽车",参照输入部门名称"行政部",增加方式"直接购入",使用状况"在用",原值"230 000"→"保存"→"确定"。

28.【答案】 在主操作界面,点击"文件"→"重新注册",输入密码"004",选择账套,修改操作日期"2017-01-31"→"确定";在固定资产界面,点击"计提本月折旧"→"是"→"是"→"退出"→"凭证",修改凭证类别"转",输入贷方科目"累计折旧"→"保存"。

29.【答案】 在固定资产界面,点击"批量制单"→"全选"→"制单设置",在"科目"栏设置会计科目→"制单",修改凭证类别"付",输入附单据数"2",输入借贷方摘要→"保存"。

30.【答案】 在主操作界面,点击"文件"→"重新注册",输入密码"004",选择账套,修改操作日期"2017-01-01"→"确定";点击"工资管理"→选择工资类别个数为"单个"→"下一步",选择"是否从工资中代扣个人所得税"→"下一步"→"下一步",设置人员编码长度为"3"→"完成"→"是"。

31.【答案】 在工资管理界面,点击"银行名称"→"增加",输入银行名称"交通银行",录入时需要自动带出的账号长度输入"8"→"返回"。

32.【答案】 在工资管理界面,点击"人员类别设置"→"增加",输入类别"后勤人员"。参照上述操作方法完成其他人员类别的设置。

33.【答案】 在工资管理界面,点击"人员档案"→"增加",输入人员编码"101",参照输入人员姓名"张涛",通过下拉列表框选择部门编码"1",部门名称"行政部",人员类别"后勤人员",银行名称"交通银行",输入银行账号"11111111001"→"确认"。参照上述操作方法完成其他人员档案的设置。

34.【答案】 在工资管理界面,点击"工资项目"→"增加",输入工资项目名称"基本工资",双击"类型"栏,从下拉列表框中选择"数字",双击"小数"栏,利用增减器的上三角按钮将小数设为"2",双击"增减项"栏,从下拉列表框中选择"增项"。参照上述操作方法完成其他工资项目的设置。

35.【答案】 在工资管理界面,点击"工资项目",选择"公式设置"选项卡→"增加",在弹出的下拉列表框中选择"养老保险",在"养老保险公式定义"处设置公式"(基本工资+奖金)*0.05"→"公式确认"→"确认"。

36.【答案】 在主操作界面,点击"文件"→"重新注册",输入密码"004",选择账套,修改操作日期"2017-01-31"→"确定";在工资管理界面,点击"工资变动",输入基本工资和奖金→"退出"→"是"。

37.【答案】 在工资管理界面,点击"扣缴个人所得税",在"对应工资项目"下拉列表框选择"应发合计"→"确认"→"是"→"税率表",修改基数"3 500",附加费用"1 300"→"确认"→"是"→"退出"。

38.【答案】 在工资管理界面,点击"工资分摊"→"工资分摊设置"→"增加",输入计提类型名称"应付工资"→"下一步",双击部门名称栏第一行的空白单元格,参照输入"行政部,财务部,采购部",借方科目"660204",贷方科目"2211",双击部门名称栏第二行的空白单元格,参照输入"销售部",人员类别"市场人员",项目"应发合计",借方科目"6601",贷方科目"2211"→"完成"→"返回",选择"应付工资"复选框,核算部门选择全部部门,选择"明细到工资项目"复选框→"确定",选择"合并科目相同、辅助项相同的分录"复选框→"制单",修改凭证类别"转",附单据数"1"→"保存"。

39.【答案】 在主操作界面,点击"文件"→"重新注册",更换用户名"205",输入密码"005",选择账套,修改操作日期"2017-01-01"→"确定";点击"基础设置"→"基础档案初始化"→"下一页"→"开户银行",输入编号"1",开户银行"交通银行",银行账号"99999999999"→"退出"→"是"。

40.【答案】 在主操作界面,点击"基础设置"→"收付结算"→"付款条件"→"增加",输入付款条件编码"60D",信用天数"60",优惠天数1"20",优惠率1"20",优惠天数2"40",优惠率2"1",优惠天数3"60"→"保存"→"确定"。

41.【答案】 在主操作界面,点击"基础设置"→"存货"→"存货分类",输入类别编码"1",类别名称"自制"→"保存"。参照上述操作方法完成其他存货分类的设置。

42.【答案】 在主操作界面,点击"基础设置"→"存货"→"存货档案",选择"2 外购"→"增加",输入存货编号"01",存货名称"耳机",计量单位"个",选择存货属性"销售""外购"复选框→"保存"。参照上述操作方法完成其他存货档案的设置。

43.【答案】 在主操作界面,点击"基础设置"→"购销存"→"仓库档案"→"增加",输入仓库编码"01",仓库名称"耳机仓库"→"保存"。参照上述操作方法完成其他仓库档案的设置。

44.【答案】 在主操作界面,点击"基础设置"→"购销存"→"库存期初",从"仓库"下拉列表框中选择"01耳机仓库"→"增加",在空白行双击存货编码单元格,参照输入"01",输入数量"600",单价"150"→"保存"→"确定",参照上述操作方法完成其他期初数据的设置;点击"记账"→"确定"。

45.【答案】 在主操作界面,点击"文件"→"重新注册",输入密码"005",选择账套,修改操作日期"2017-01-10"→"确定";在销售管理界面,点击"销售订单"→"增加",参照输入销售类型"普通销售",客户名称"天津三安",销售部门"销售部",业务员"方晓丽",付款条件"2/20,1/40",参照输入货物名称"激光灯",数量"100",含税单价"70.2"→"保存"→"审核"→"是"→"确定"。

46.【答案】 在主操作界面,点击"文件"→"重新注册",输入密码"005",选择账套,修改操作日期"2017-01-11"→"确定";在销售管理界面,点击"发货单"→"增加",从下拉菜单中选择"发货单"→"显示",选择要生成发货单的存货→"确认",参照输入仓库"耳机仓库"→"保存"→"审核"→"是"→"确定"。

47.【答案】 在销售管理界面,点击"销售发票"→"增加",从下拉菜单中选择"普通发票"→"选单",从下拉菜单中选择"发货单"→"显示",选择要生成销售发票的存货→"确认"→"保存"→"复核"→"是"→"确定"。

48.【答案】 在主操作界面,点击"文件"→"重新注册",输入密码"005",选择账套,修改操作日期"2017-01-18"→"确定";在销售管理界面,点击"收款结算",参照输入客户"K001天津三安股份有限公司"→"增加",参照输入结算方式"1",结算科目"1002银行存款",输入金额"70 200",票据号"ZP036",银行账号"99999999999",参照输入部门"4",业务员"401",输入摘要"货款"→"保存"→"核销"→"自动"→"保存"。

49.【答案】 在主操作界面,点击"采购"→"期初记账"→"记账"→"确定"。

50.【答案】 在主操作界面,点击"文件"→"重新注册",输入密码"005",选择账套,修改操作日期"2017-01-21"→"确定";在采购管理界面,点击"采购订单"→"增加",参照输入供货单位"新浪科技",部门"采购部",业务员"孙玉",税率"17",付款条件"2/20,1/40",参照输入存货编号"01",输入数量"500",原币单价"150"→"保存"→"审核"。

51.【答案】 在主操作界面,点击"文件"→"重新注册",输入密码"005",选择账套,修改操作日期"2017-01-25"→"确定";在采购管理界面,点击"采购入库单"→"增加",从下拉菜单中选择"采购入库单",参照输入仓库"耳机仓库"→"选单",从下拉菜单中选择"采购订单"→"过滤",选择要生成采购入库单的存货→"确认"→"保存"。

52.【答案】 在采购管理界面,点击"采购发票"→"增加",从下拉菜单中选择"普通发票"→"选单",从下拉菜单中选择"采购入库单"→"过滤",选择要生成采购发票的存货→"确认",输入发票号"01"→"保存"→"复核"→"是"。

53.【答案】 在采购管理界面,点击"付款结算",参照输入供应商"G001济南新浪科技有限公司"→"增加",参照输入结算方式"1",结算科目"1002银行存款",输入金额"87 750",票据号"ZP056",银行账号"99999999999",参照输入部门"3",业务员"301",输入摘要"货款"→"保存"→"核销"→"自动"→"保存"。

第四章 电子表格软件在会计中的应用

【本章学习知识体系】

电子表格软件在会计中的应用
- 电子表格软件概述
  - 常用的电子表格软件(★)
  - 电子表格软件的主要功能(★)
  - Excel软件的启动与退出(★★★)
  - Excel软件的用户界面(★★★)
  - Excel文件的管理(★★)
- 数据的输入与编辑
  - 熟悉Excel图表的插入方法(★★)
  - 掌握数据输入与编辑的常用方法(★★★)
- 公式与函数的应用
  - 掌握Excel的公式及其运用(★★★)
  - 掌握Excel常用函数的使用(★★★)
- 数据清单及其管理分析
  - 掌握数据清单的设计要求(★★★)
  - 掌握记录单的使用方法(★★★)
  - 掌握Excel的数据排序、筛选与分类汇总的方法(★★★)
  - 掌握数据透视表创建与设置的方法(★★★)

【分节习题必会】

第一节 电子表格软件概述

一、单项选择题

1. 启动Excel 2003后建立的第一个空白工作簿的文件名是(　　)。

A. Book1.xls B. Book1.xlsx
C. 工作簿1.xls D. 工作簿1.xlsx

2. 下列各项中,不属于创建工作簿方法的是(　　)。
A. 使用快捷键"Ctrl"+"O"
B. 使用快捷键"Ctrl"+"N"
C. 选择"Office 按钮"→"新建"命令
D. 单击"快速访问"工具栏上的按钮

3. 在工作簿窗口内打开两个工作簿,单击"文件"菜单中的关闭命令可以关闭(　　)。
A. 当前工作簿 B. Excel 应用程序
C. 全部打开的工作簿 D. 当前工作表

4. 用鼠标器双击某个工作表标签,该标签为黑色显示,可对该工作表进行(　　)操作。
A. 编辑 B. 复制
C. 删除 D. 重命名

5. 将 A3 设置为当前单元格,单击"插入"菜单中的"行"命令后,空行将添加在 A3 的(　　)。
A. 左侧 B. 右侧
C. 上方 D. 下方

6. 工作表中执行"插入"→"列"命令时,将在活动单元格的(　　)插入整列单元格。
A. 左边 B. 右边 C. 下边 D. 上边

7. 下列操作中,在打开 Excel 窗口后,不能添加新的工作簿的是(　　)。
A. 单击"常用"工具栏的"新建"按钮
B. 单击"文件"菜单栏中的"新建"按钮
C. 按"Ctrl"+"S"键
D. 按"Ctrl"+"N"键

二、多项选择题

1. 常用的电子表格软件,除了 Excel 以外,还有(　　)。
A. WPS B. Numbers
C. Lotus Notes D. Formula One

2. 下列各项中,可以显示在 Excel 2003 窗口的编辑栏的名称框中的有(　　)。
A. 活动单元格的名称 B. 活动单元格的地址
C. 活动单元格中的公式 D. 活动单元格中的数据

3. 在 Excel 2003 中,调整行高的方式有(　　)。

A. 按鼠标右键菜单"行"中的"行高"选项进行调整

B. 将鼠标指针移到工作表两个行序号按钮之间,按住并拖动鼠标进行调整

C. 选择"格式"菜单下的"行"中的"行高"选项进行调整

D. 选择"编辑"菜单下的"行"中的"行高"选项进行调整

4. 在 Excel 2013 中,直接保存工作簿的方法有多种,下列方法中,可取的有(　　)。

A. 按"Ctrl"+"S"组合键

B. 通过"另存为"对话框

C. 单击"文件"菜单中的"保存"命令

D. 单击常用工具栏中的"保存"按钮

三、判断题

1. Excel、WPS、Numbers 都是常用的电子表格软件。　　　　　(　　)

2. Excel 只能编制表格,但不能实现计算功能。　　　　　　　(　　)

3. 只能从任务栏上启动 Excel 程序。　　　　　　　　　　　(　　)

4. 点击 Excel 软件标题栏右上角的"×",可立即退出 Excel 软件。(　　)

5. 启动 Excel 2003 后,默认显示的工具栏是"常用工具栏"和"格式工具栏"。
　　　　　　　　　　　　　　　　　　　　　　　　　　　(　　)

6. 在 Excel 2013 中,用户可以自定义快速访问工具栏。　　　　(　　)

7. 在 Excel 中的单元格是工作表的最小组成单位,单个数据的输入和修改都在单元格中进行,每一单元格最多可容纳 32 000 个字符。(　　)

8. 在 Excel 中,同一工作簿内的不同工作表,可以有相同的名称。(　　)

9. 如果在工作表中插入一行,则工作表中的总行数将会增加一个。(　　)

10. 若对已有文档进行了修改等操作,可以再次进行保存。文档会在原位置以原文件名进行保存。系统不提示"另存为"对话框,自动进行保存。(　　)

11. 要在 Excel 中删除选定工作表可使用编辑菜单的命令。　　(　　)

第二节　数据的输入与编辑

一、单项选择题

1. 同时选定相邻的多个单元格时,应该按住(　　)键。

A. "Enter"　　　　　　　　　　　B. "Ctrl"

C. "Shift"　　　　　　　　　　　D. "Alt"

2. 如果用预置小数位数的方法输入数据时,当设定小数是"2"时,输入"56 789"显示( )。

A. 567.89 B. 0 056 789

C. 56 789.00 D. 5 678 900

3. 在 Excel 单元格中输入字符型数据,当宽度大于单元格宽度时,正确的说法是( )。

A. 多余部分会丢失

B. 必须增加单元格宽度后才能录入

C. 右侧单元格中的数据将丢失

D. 右侧单元格中的数据不会丢失

4. 当单元格内容是数字时,要使单元格内容居中显示,下列说法中,错误的是( )。

A. 在单元格上单击鼠标右键,直接选择"居中"图标

B. 在单元格上单击鼠标左键,直接选择"居中"图标

C. 单击"开始"标题栏下"对齐方式"中的"居中"图标

D. 在单元格上单击鼠标右键,选择"设置单元格格式",在"对齐"选项卡中选择"居中"

5. 在 Excel 中,下列关于"选择性粘贴"的说法中,错误的是( )。

A. "选择性粘贴"可以只粘贴格式

B. "选择性粘贴"可以只粘贴公式

C. "选择性粘贴"只能粘贴数值型数据

D. "选择性粘贴"可以将数据源的排列旋转 90°,即"转置"粘贴

二、多项选择题

1. Excel 的数据类型包括( )数据。

A. 数值型 B. 日期型

C. 字符型 D. 逻辑型

2. 下列各项中,属于 Excel"单元格格式"对话框中数字标签的选择有( )。

A. 数值 B. 日期

C. 分数 D. 特殊

3. 在 Excel 单元格中,直接输入"1/4",则单元格不显示的有( )。

A. 0.25 B. 1/4

C. 1月4日 D. 25%

4. 当单元格右下角出现黑色十字形的填充柄时,可进行的操作有( )。

A. 可填充相同的数据

B. 可填充具有一定规律的序列

C. 只可以向上、下方向进行填充

D. 可以向上、下、左、右四个方向填充

5. 在Excel中,选择单元格的方式有(　　)。

A. 单击鼠标左键

B. 按住"Ctrl"键选择不连续区域

C. 划动鼠标选择区域

D. 按住"Shift"键选择连续区域

6. 下列关于在Excel中选择单元格的描述中,正确的有(　　)。

A. 单击单元格即选中该单元格

B. 单击行前面的序号按钮即可选中此行所有单元格

C. 单击列上方的序号按钮即选中此列所有单元格

D. 按住"Shift"键不放,使用鼠标单击不相邻的单元格即可选中这些单元格

7. 在Excel中,通过单击"复制""粘贴"按钮进行复制粘贴时,被粘贴的是被复制单元格中的(　　)。

A. 格式　　　　B. 数值　　　　C. 公式　　　　D. 内容

8. Excel对数据的保护,体现在对(　　)的保护。

A. 单元格　　　　　　　　B. 工作表

C. 工作组　　　　　　　　D. 工作簿

三、判断题

1. 在Excel中,表示文字大小的单位可以采用"磅"。　　　　　　　　　(　　)

2. 输入日期时,表示年月的数字间的间隔既可以用斜杠"/",也可以用连字符"—"。　　　　　　　　　　　　　　　　　　　　　　　　　　　　　(　　)

3. 在Excel中,一个日期数据无论以何种日期格式显示,值不变。　　　(　　)

4. 在Excel中,利用填充柄可以实现等比数列的自动填充。　　　　　　(　　)

5. 单元格的数据格式一旦选定后,不可以再改变。　　　　　　　　　　(　　)

6. 要删除整个表格,先选中表格中的所有行,然后按"Backspace"键即可。(　　)

7. 在Excel文档中,使用"复制"和"粘贴"命令时,只能在同一文档中,选定对象进行移动和复制粘贴。　　　　　　　　　　　　　　　　　　　　　　　(　　)

8. 在Excel中,复制需要复制的内容后,在粘贴时,可以有选择地粘贴数值、格式或公式。　　　　　　　　　　　　　　　　　　　　　　　　　　　　(　　)

9. 在Excel的密码保护中,密码不区分大小写。　　　　　　　　　　　(　　)

10. Excel可以为重要的工作簿设置保护,限制进行相应的操作。这分为两种方式:一种是保护工作簿的结构和窗口;另一种是设置工作簿密码。　　　　(　　)

第三节 公式与函数的应用

一、单项选择题

1. 编辑栏内的"＝"图标是（ ），用来在活动单元格中创建公式。

   A. 取消按钮 B. 鼠标指针
   C. 输入按钮 D. 编辑公式按钮

2. 为了改变运算优先顺序，应将公式中需要最先计算的部分使用一对（ ）左右括起来。

   A. 小圆括号 B. 中括号
   C. 大括号 D. 双引号

3. 在 Excel 中，指定 A2～A6 五个单元格的表示形式是（ ）。

   A. A2＆A6 B. A2,A6
   C. A2:A6 D. A2;A6

4. 在 Word 2003 中，若要计算表格中某行数值的总和，可使用的统计函数是（ ）。

   A. Min B. Sum
   C. Product D. Average

5. 在相对引用中，所引用的单元格地址的列坐标和行坐标前面是（ ）。

   A. 有％符号 B. 有＄符号
   C. 有＠符号 D. 没有任何符号标示

6. 已知单元格 A1、B1、C1、A2、B2、C2 中分别存放数值"1""2""3""4""5""6"，单元格 D1 中存放着公式"＝A1＋＄B＄1＋C1"，此时将单元格 D1 复制到 D2，则 D2 中的结果为（ ）。

   A. 6 B. 12
   C. 15 D. ＃REF

7. 下列格式中，可以进行跨工作表单元格引用的是（ ）。

   A. 工作表名＆数据源所在单元格地址
   B. 工作表名＊数据源所在单元格地址
   C. 工作表名！数据源所在单元格地址
   D. 工作表名％数据源所在单元格地址

8. 在 Excel 中，成绩放在单元格 A1，要将成绩分为优良（大于等于85）、及格（大于等于60）、不及格三个级别的公式为（ ）。

   A. ＝if(A1＞＝85,"优良",if(A1＞＝60,"及格","不及格"))

B. =if(A1>=85,"优良",85>A1>=60,"及格",A1<60,"不及格")
C. =if(A1>=85,"优良"),if(A1>=60,"及格"),if(A1<60,"不及格")
D. =if(A1>=85,"优良",if(A1>=60,"及格",if(A1<60,"不及格")))

9. 在 Excel 2013 中,函数 Max(10, Sum(3, Min(5, 9), 1))的值为(　　)。
A. 9　　　　　　　　　　　　　B. 10
C. 13　　　　　　　　　　　　　D. 19

10. 统计成绩工作表中的不及格人数,可使用的函数是(　　)。
A. LEN　　　　　　　　　　　　B. COUNT
C. SUMIF　　　　　　　　　　　D. COUNTIF

11. 在 Excel 中,要计算工作表指定区域数值的和应使用函数(　　)实现。
A. MID(A1:A5)　　　　　　　　　B. MAX(A1:A5)
C. SUM(A1:A5)　　　　　　　　　D. LEN(A1:A5)

12. 函数 AVERAGE(A1:A2)相当于公式(　　)。
A. =A1　　　　　　　　　　　　B. =A2
C. =A1+A2　　　　　　　　　　 D. =(A1+A2)/2

13. 下列各项中,不属于资产折旧函数的是(　　)。
A. DDB　　　　　　　　　　　　B. PMT
C. SYD　　　　　　　　　　　　D. SLN

二、多项选择题

1. 在 Excel 中,公式是由(　　)组成的。
A. 运算符　　　　　　　　　　　B. 常量
C. 单元格地址　　　　　　　　　D. 函数

2. 通过引用,可以在公式中使用工作表不同部分的数据,或者在多个公式中使用同一单元格的数值,常用的单元格引用分为(　　)引用。
A. 直接　　　　　　　　　　　　B. 相对
C. 绝对　　　　　　　　　　　　D. 混合

3. 在 Excel 中,可利用(　　)进行求和运算。
A. 函数
B. 和运算
C. 编辑菜单中的"求和"公式
D. 常用工具栏中的"自动求和"按钮

4. 在 Excel 中,公式 SUM(B1:B4)等价于(　　)。
A. SUM(A1:B4, B1:C4)　　　　　B. SUM(B1+B4)
C. SUM(B1+B2, B3+B4)　　　　　D. SUM(B1, B2, B3, B4)

5. 下列函数中,属于 Excel 文本函数的有( )。
A. RIGHT　　　　　　　　　　B. LEFT
C. MID　　　　　　　　　　　 D. LEN

三、判断题

1. 公式必须以"="开头,然后输入表达式,否则 Excel 会将公式作为数据处理。
（　）

2. 在使用函数进行运算时,如果不需要参数,则函数后面的括号可以省略。
（　）

3. 在 Excel 中,手动输入公式时如有小圆括号,应注意其位置是否适当,左括号不需要与右括号相匹配。（　）

4. Max 是 Excel 提供的一种函数。（　）

5. Today( )函数可以返回系统当前的日期和时间。（　）

6. 在 Excel 中,单元格的引用分为相对引用、绝对引用和混合引用 3 种。（　）

7. Excel 默认使用的单元格引用是绝对引用。（　）

8. 如果公式中使用了绝对引用的单元格,当公式被复制到同一工作表的其他位置时,引用会自动调整。（　）

9. 在绝对引用中,所引用的单元格地址的列坐标和行坐标前面分别加入标示符号"&"。（　）

10. 跨工作表单元格引用时,必须加上工作表名和"!"号。（　）

11. SUM 函数和 SUMIF 函数功能一样,可以任意使用。（　）

12. 如果 A1="会计电算化考试",在 D1 单元格中输入公式 MID(A1,3,3)将显示"电算化"。（　）

第四节　数据清单及其管理分析

一、单项选择题

1. 数据的排序是指在数据清单中,针对某些列的数据,通过"数据"菜单或功能区中的排序命令来重新组织(　　)的顺序。
A. 光标所在列　　　　　　　　B. 数据清单的所有列
C. 光标所在行　　　　　　　　D. 数据清单的所有行

2. 下列关于高级筛选的说法中,错误的是(　　)。
A. 不需要写筛选条件
B. 筛选条件和表格之间必须有一行或者一列的间隙

C. 可以在原有区域显示筛选结果

D. 可以将筛选结果复制到其他位置

3. 下列说法中,正确的是( )。

A. 自动筛选需要事先设置筛选条件

B. 高级筛选不需要设置筛选条件

C. 进行筛选前,无需先对表格进行排序

D. 自动筛选前,必须先对表格进行排序

4. 下列关于插入图表的说法中,不正确的是( )。

A. 可以调整插入图表的大小

B. 插入的图表不可以进行位置的调整

C. 插入的图表可以根据需要可以输入标题

D. 插入的图表可以根据需要输入各轴所代表的含义

5. 在 Excel 工作表中,为显示数据的变化趋势,可插入( )图表。

A. 柱形图　　　　　　　　　　B. 条形图

C. 折线图　　　　　　　　　　D. 饼图

二、多项选择题

1. 在 Excel 中,数据库的表现形式有( )。

A. 工作表　　　　　　　　　　B. 工作组

C. 数据清单　　　　　　　　　D. 列表

2. 利用记录单可以完成对数据的( )。

A. 添加　　　　　　　　　　　B. 查找

C. 修改　　　　　　　　　　　D. 删除

3. 如果有两个排序关键字,则对它们的关系说法中,错误的有( )。

A. 按主关键字排序,次关键字无效

B. 先按主关键字排序,然后再自动按次关键字排序

C. 次关键字字段按次关键字排序,其他字段按主关键字排序

D. 先按主关键字排序,当主关键字的值相同时再按次关键字排序

4. 数据的高级筛选中,在设置筛选条件时,正确的有( )。

A. 同一行表示"或"的关系　　　B. 同一行表示"与"的关系

C. 不同行表示"或"的关系　　　D. 不同行表示"与"的关系

5. 数据透视表的布局框架由( )要素构成。

A. 数据项　　　　　　　　　　B. 行字段

C. 列字段　　　　　　　　　　D. 页字段

6. 下列选项中,属于数据透视表的设置内容的有( )。

A. 进行数据的筛选 B. 重新设计版面布局
C. 设置值的显示方式 D. 设置值的汇总依据

7. 下列各项中,属于数据透视表的值的汇总依据的有( )。
A. 平均值 B. 乘积
C. 标准偏差 D. 方差

三、判断题

1. 在 Excel 中,数据清单是一种包含一行列标题和多行数据且每行同列数据的类型和格式完全相同的 Excel 工作表。 ( )

2. 记录单又称数据记录单,是快速添加、查找、修改或删除数据清单中相关记录的对话框。 ( )

3. 自定义筛选后,只显示符合条件的记录,并不改变原有记录。 ( )

4. 在 Excel 中,自动筛选的条件只能有一个,高级筛选的条件可以有多个。
( )

5. 在 Excel 中,假定存在一个数据库工作表,内含系科、奖学金、成绩等项目,现要求计算各系科发放的奖学金总和,则应先对系科进行排序,然后执行"数据"→"分类汇总"命令。 ( )

6. 数据的分类汇总是指在数据清单中按照不同类别对数据进行汇总统计。分类汇总采用分级显示的方式显示数据,可以收缩或展开工作表的行数据或列数据,实现各种汇总统计。 ( )

7. 在 Excel 2007(或 Excel 2013)中,图表制作完成后,其图表类型可以随意更改。
( )

8. 在 Excel 中,工作表中的数据以图表的形式表示是为了便于对数据进行快速的分析比较。 ( )

【本章习题必练】

一、单项选择题

1. Excel 2013 文件的扩展名是( )。
A. .xls B. .xlsx
C. .ppt D. .doc

2. 在 Excel 2003 中,新建工作簿后,第一张工作表默认的名称是( )。
A. Book1 B. Sheet1
C. 表 D. 表1

3. 使用"文件"菜单中的"保存"命令,保存的是(   )。
   A. 当前工作表   B. 当前工作簿
   C. 全部工作表   D. 全部打开的工作簿

4. 在 Excel 2003 中,下列有关列宽的说法中,错误的是(   )。
   A. 系统默认列的宽度是一致的
   B. 一次可以调整多列的列宽
   C. 系统默认列宽以输入的最多字符的长度为准
   D. 列宽不随单元格中的字符增多而自动加宽

5. 在 Excel 的活动单元格中,要将数字作为文字来输入,最简便的方法是先键入一个英文状态符号(   )后,再键入数字。
   A. '   B. "
   C. #   D. 空格

6. 在 Excel 中的 A1 单元格输入(2015),则 A1 单元格的内容为(   )。
   A. 字符串 2015   B. 字符串(2015)
   C. －2015   D. 数值 2015

7. 在 Excel 编辑栏中输入所需的数字后,按(   )键,可以实现当前所有活动单元格内填充相同内容。
   A. "Alt"+"Enter"   B. "Delete"+"Enter"
   C. "Shift"+"Enter"   D. "Ctrl"+"Enter"

8. 在 Excel 中,各运算符的优先级由高到低顺序为(   )。
   A. 算术运算符、比较运算符、文本运算符和引用运算符
   B. 引用运算符、算术运算符、文本运算符和比较运算符
   C. 文本运算符、算术运算符、比较运算符和引用运算符
   D. 比较运算符、算术运算符、引用运算符和文本运算符

9. 在 Excel 中,运算符"&"表示(   )。
   A. 字符串的比较运算   B. 字符型数据的连接
   C. 逻辑值的运算   D. 数值型数据的无符号相加

10. 在相对引用中,将 A9 中的公式"=SUM(A1:A8)"复制并粘贴到 B11 中,公式应为(   )。
    A. =SUM(A2:A9)   B. =SUM(B3:B10)
    C. =SUM(A3:A10)   D. =SUM(B1:B8)

11. 下列选项中的函数,在 Excel 2007 中有,在 Excel 2003 中没有的是(   )。
    A. COUNTIF   B. AVERAGEIF
    C. SUMIF   D. LOOKUP

12. 在 Excel 中选取"自动筛选"命令后,在清单上的(   )出现了下拉式按钮

图标。

A. 底部 B. 字段名处
C. 所有单元格内 D. 空白单元格内

13. 在 Excel 中,创建图表时,必须先( )。

A. 选择图表大小 B. 选择图表的类型
C. 选择图表的形式 D. 选定创建图表的数据区

二、多项选择题

1. 下列关于 Excel 工作表的说法中,正确的有( )。

A. 工作表可以更名
B. 工作表是工作簿的一部分
C. 一个工作表可以有无穷个行和列
D. 一个工作表可以作为一个独立文件进行存储

2. 在 Excel 中,修改工作表名字的操作可以从( )工作表标签开始。

A. 用鼠标左键双击
B. 用鼠标右键单击
C. 用鼠标右键双击
D. 按住"Ctrl"键,同时用鼠标左键单击

3. 在单元格中输入数据或公式的方法有很多种,可以直接单击单元格,并输入数据,然后按下( )确定输入。

A. "Enter"键 B. "Ctrl"键
C. "Tab"键 D. 单击其他单元格

4. 在 Excel 中,复制单元格格式可采用( )。

A. "复制"+"填充" B. "复制"+"粘贴"
C. "复制"+"选择性粘贴" D. "格式刷"工具

5. 在 Excel 中,以下单元格的引用属于混合引用的有( )。

A. A1 B. A$1
C. $A1 D. A1

6. 在 Excel 中,下列等式能够得到正确结果的有( )。

A. =4+7 B. =SUM(B6+C9)
C. =83*800−SUM(D2:D8) D. ="C5+C6"+"E8−E10"

7. 数据清单与工作表相比,具有的特征是( )。

A. 列标志在第一行
B. 不存在空白行
C. 不存在空白列

D. 同列数据具有相同的类型和格式

8. 通过数据透视表,可以完成数据清单的(   )。

A. 求和　　　　　　　　　　　B. 汇总

C. 查找　　　　　　　　　　　D. 筛选

三、判断题

1. 一个 Excel 2013 工作簿中可以包含 1~255 个工作表。　　　　　(   )

2. 退出 Excel 软件,可按快捷键"Shift"+"F4"。　　　　　　　　(   )

3. Excel 2003 默认的各种类型数据的对齐方式是"右对齐"。　　　(   )

4. 复制单元格时,同时复制单元格的格式。　　　　　　　　　　(   )

5. Excel 文件可通过"另存为"对话框中的"常规选项"中的"保存选项"对话框进行加密。　　　　　　　　　　　　　　　　　　　　　　　　　　　　(   )

6. 在 Excel 中,可以在单元格中直接输入公式,如输入"SUM(B1:B4)"。(   )

7. 如果公式中使用了相对引用的单元格,当公式被复制到同一工作表的其他位置时,公式的值不变。　　　　　　　　　　　　　　　　　　　　　(   )

8. MATCH 函数用于在单行区域或单列区域(称为"向量")中查找值,然后返回第二个单行区域或单列区域中相同位置的值。　　　　　　　　　　(   )

9. 在 Excel 中,排序时只能指定一种关键字。　　　　　　　　　　(   )

10. 图表只能和数据源放在同一个工作表中。　　　　　　　　　　(   )

四、实务操作题

1. 在 A1:C3 单元格区域快速输入数值"9"。

2. 在 A1、B2、C3 单元格快速输入数值"9"。

3. 在 A1:D1 单元格中,利用填充序列功能快速输入 1 月 5 日、1 月 10 日、1 月 15 日、1 月 20 日。

4. 用三种方法实现求和,使得 D1=A1+B1+C1。

5. 利用相对引用计算山东新浪科技有限公司员工工资应发合计数。员工工资应发合计数计算表,如表 4-1 所示。

表 4-1　员工工资应发合计数计算表

	A	B	C	D	E	F	G
1	人员编号	人员姓名	所属部门	人员类别	基本工资	奖金	应发合计
2	101	张 涛	行政部	后勤人员	4 000	200	
3	201	张浩峰	财务部	后勤人员	4 200	200	

6. 利用绝对引用计算行政部、采购部的职工福利（工资的14%）。行政部、采购部的职工福利计算表，如表4-2所示。

表4-2 行政部、采购部的职工福利计算表

	A	B	C	D
1	部门	工资	福利	14%
2	行政部	4 200		
3	采购部	3 400		

7. 采用基本财务函数，运用直线法计算山东新浪科技有限公司固定资产折旧数。运用直线法计算固定资产折旧数的计算表，如表4-3所示。

表4-3 运用直线法计算固定资产折旧数的计算表

	A	B	C	D	E	F
1	资产编号	固定资产名称	原值	预计净残值	预计使用年限	直线法
2	01201	打印机	2 600	260	15	

8. 采用基本财务函数，运用双倍余额递减法计算山东新浪科技有限公司固定资产折旧数。运用双倍余额递减法计算固定资产折旧数的计算表，如表4-4所示。

表4-4 运用双倍余额递减法计算固定资产折旧数的计算表

	A	B	C	D	E	F	G
1	资产编号	固定资产名称	原值	预计净残值	预计使用年限	期间	双倍余额递减法
2	01201	打印机	2 600	260	15	2	

9. 采用基本财务函数，用年数总和法计算山东新浪科技有限公司固定资产折旧数。运用年数总和法计算固定资产折旧数的计算表，如表4-5所示。

表4-5 运用年数总和法计算固定资产折旧数的计算表

	A	B	C	D	E	F	G
1	资产编号	固定资产名称	原值	预计净残值	预计使用年限	期间	年数总和法
2	01201	打印机	2 600	260	15	2	

10. 利用记录单操作录入山东新浪科技有限公司员工工资有关数据。员工工资有关数据表，如表4-6所示。

表 4-6　员工工资有关数据表

	A	B	C	D	E	F
1	人员编号	人员姓名	所属部门	人员类别	基本工资	奖金
2	101	张 涛	行政部	后勤人员	4 000	200
3	201	张浩峰	财务部	后勤人员	4 200	200

11. 对山东新浪科技有限公司员工工资，按照"应发合计"从高到低进行排序。员工"应发合计"表，如表 4-7 所示。

表 4-7　员工"应发合计"表

	A	B	C	D	E	F	G
1	人员编号	人员姓名	所属部门	人员类别	基本工资	奖金	应发合计
2	101	张 涛	行政部	后勤人员	4 000	200	4 200
3	201	张浩峰	财务部	后勤人员	4 200	200	4 400

12. 对山东新浪科技有限公司员工工资，按照"人员类别"分类显示各类别的工资平均值。按照"人员类别"分类显示各类别的工资平均值的信息表，如表 4-8 所示。

表 4-8　按照"人员类别"分类显示各类别的工资平均值的信息表

	A	B	C	D	E	F	G
1	人员编号	人员姓名	所属部门	人员类别	基本工资	奖金	应发合计
2	101	张 涛	行政部	后勤人员	4 000	200	4 200
3	201	张浩峰	财务部	后勤人员	4 200	200	4 400
4	202	李 立	财务部	后勤人员	3 000	150	3 150
5	203	王一萍	财务部	后勤人员	2 600	150	2 750
6	204	赵晓娟	财务部	后勤人员	2 500	150	2 650
7	205	周 梅	财务部	后勤人员	2 500	150	2 650
8	301	孙 玉	采购部	市场人员	3 000	400	3 400
9	401	方晓丽	销售部	市场人员	3 000	400	3 400

【分节习题必会】答案及解析

第一节　电子表格软件概述

一、单项选择题

1.【答案】A

【解析】启动 Excel 2003 后建立的第一个空白工作簿的文件名是 Book1.xls，

启动 Excel 2013 后建立的第一个空白工作簿的文件名是工作簿 1.xlsx。

  2.【答案】 A

    【解析】 快捷键"Ctrl"+"O"是打开 Excel 文件的命令,不是新建 Excel 的命令。

  3.【答案】 A

    【解析】 在工作簿窗口同时打开多个工作簿,单击"文件"菜单中的"关闭"命令,只能关闭当前工作簿。

  4.【答案】 D

    【解析】 对工作表标签进行双击,该标签为黑色显示,可以对该工作表进行重命名操作。

  5.【答案】 C

    【解析】 插入行是在当前单元格的上方。

  6.【答案】 A

    【解析】 执行"插入"→"列"命令,将在活动单元格的左边插入整列单元格。

  7.【答案】 C

    【解析】 添加新的工作簿就是新建一个工作簿,选项 D,不能实现添加的目的。

二、多项选择题

  1.【答案】 ABCD

    【解析】 常用的电子表格软件有:

      (1) Windows 操作系统:微软的 Excel、金山 WPS 电子表格。

      (2) Mac 操作系统:苹果的 Numbers,该软件同时可用于 IPad 等手持设备。

      (3) 专业电子表格软件:Lotus Notes。

      (4) 第三方电子表格软件:Formula One。

  2.【答案】 AB

    【解析】 活动单元格区域的地址或名称是可以显示在 Excel 窗口的编辑栏的名称框中的。

  3.【答案】 BC

    【解析】 选项 B 和选项 C,可实现调整行高的调整,而选项 A 和选项 D,不能实现。

  4.【答案】 ABCD

    【解析】 四个选项的方法均可实现工作簿保存操作。

三、判断题

  1.【答案】 √

    【解析】 Excel 是微软办公自动化软件的 Office 的重要组成部分;WPS 属于

金山电子表格;Numbers 属于 Mac 操作系统。它们都是 Windows 操作系统常用的电子表格软件。

2.【答案】 ×

【解析】 Excel 具有管理数据的功能,Excel 可以对工作表中的数据进行检索、排序、筛选、分类、汇总等操作,还可以运用运算公式和内置函数对数据进行复杂的运算和分析。

3.【答案】 ×

【解析】 有三种启动方式:通过任务栏中 Excel 的快捷方式图标启动;通过"运行"对话框启动 Excel 软件;打开现成的 Excel 文件。

4.【答案】 ×

【解析】 如果当前只有一个工作簿在运行,点击 Excel 软件标题栏右上角的"×",可退出软件,但如果当前有多个工作簿文件在运行,则只是关闭光标所在文件。

5.【答案】 √

【解析】 启用 Excel 2003 后,默认显示的工具栏是"常用工具栏"和"格式工具栏"。

6.【答案】 √

【解析】 在 Excel 2013 中,可通过单击快速访问工具栏右侧的下拉菜单箭头,弹出"自定义快速访问工具栏"进行相应的操作。

7.【答案】 ×

【解析】 单元格是工作表的最小组成单位,单个数据的输入和修改都在单元格中进行,每一单元格最多可容纳 32 767 个字符。

8.【答案】 ×

【解析】 同一工作簿内的不同工作表的名称不能相同。

9.【答案】 ×

【解析】 工作表中的总行数和总列数是固定不变的。

10.【答案】 √

【解析】 (略)

11.【答案】 √

【解析】 在 Excel 中删除选定工作表可使用编辑菜单的命令。

第二节 数据的输入与编辑

一、单项选择题

1.【答案】 C

【解析】 可同时选定不相邻的多个单元格的组合键是"Ctrl"。可同时选定相邻的多个单元格的组合键是"Shift"。

2.【答案】 C

【解析】 当设定小数是"2"时,输入"56789"显示"56789.00"。

3.【答案】 D

【解析】 对于单元格中的文本,当字符长度超过单元格宽度时,Excel允许该文本覆盖右边相邻的空单元格完整显示;如果右边相邻的单元格中有内容,就只能在自身的单元格宽度内显示全部内容,没有被显示的内容仍然与被显示的内容一起属于该单元格,在编辑栏中看到的是该单元格中的完整内容。

4.【答案】 A

【解析】 使单元格内容居中显示:①单击"开始"页签下,"对齐方式"中的"居中"图标;②在单元格上单击鼠标右键,选择"设置单元格格式",在"对齐"选项卡中选择"居中";③在单元格上单击鼠标左键,直接选择"居中"图标。

5.【答案】 C

【解析】 通过"选择性粘贴"可以粘贴数值型数据,也可以粘贴格式和公式等。

二、多项选择题

1.【答案】 ABCD

【解析】 Excel的常见数据类型包括:数字型、日期型、文本型、逻辑型数据、时间型数据等。

2.【答案】 ABCD

【解析】 Excel"单元格格式"对话框中数字标签的选择有常规、数值、货币、会计专用、日期、时间、百分比、分数、科学记数、文本、特殊、自定义等。

3.【答案】 ABD

【解析】 Excel中直接输入1/4,单元格默认的是日期型数据,显示的是1月4日。

4.【答案】 ABD

【解析】 利用填充柄,可以完成相同数据的填充、序列(按照某种规律排列的一列数据)的填充,拖动填充柄完成自动填充后,可以指定填充序列类型。

5.【答案】 ABCD

【解析】 通过四个选项中的方式均可以选择单元格。

6.【答案】 ABC

【解析】 按住"Ctrl"键不放,使用鼠标单击不相邻的单元格即可选中这些单元格;按住"Shift"键,使用鼠标单击不相邻的两个单元格即可选中这两个单元格之间的单元格区域。

7.【答案】 ABCD

【解析】 在Excel中使用"复制""粘贴"功能时,不仅复制了原单元格的格式和公式,还复制了数值和内容、格式和批注等。

8.【答案】 ABD

【解析】 Excel可以实现对工作簿、工作表和单元格的保护。

三、判断题

1.【答案】 √

【解析】 在Excel中表示文字大小的单位可以采用"磅"。

2.【答案】 √

【解析】 在Excel中,日期和时间可视为数字进行处理。一般情况下,日期的年、月、日之间用"/"或"-"分隔。

3.【答案】 √

【解析】 在Excel中,一个日期数据无论以何种日期格式显示,值不变。

4.【答案】 √

【解析】 在Excel中,利用填充柄可以实现等比数列的自动填充。

5.【答案】 ×

【解析】 单元格的数据格式可通过"设置单元格格式"进行修改。

6.【答案】 √

【解析】 要删除整个表格,先选中表格中的所有行,然后按"Backspace"键即可。

7.【答案】 ×

【解析】 使用"复制"和"粘贴"命令时,在适当的范围内,可任意正确选定对象进行移动和复制粘贴,并不局限在同一个文档中。

8.【答案】 √

【解析】 在Excel中,复制需要复制的内容后,在粘贴时,可以有选择地粘贴数值、格式或公式。

9.【答案】 ×

【解析】 密码可以包含字母、数字、空格以及符号的任意组合,字母区分大小写。

10.【答案】 √

【解析】 Excel可以为重要的工作簿设置保护,限制进行相应的操作。这分为两种方式:一种是保护工作簿的结构和窗口;另一种是设置工作簿密码。

第三节 公式与函数的应用

一、单项选择题

1.【答案】 D

【解析】 编辑栏中的"="是编辑公式按钮,用来在活动单元格中创建公式。

2.【答案】 A

【解析】 为了改变运算优先顺序,应将公式中需要最先计算的部分使用一对左右小圆括号括起来,但不能使用中括号。公式中左右小圆括号的对数超过一对时,Excel将自动按照从内向外的顺序进行计算。

3.【答案】 C

【解析】 ":"冒号,引用运算符,生成对两个引用之间的所有单元格的引用。选项A中的"&"是文本运算符,是将两个文本值连接或串成一个连续的文本值。选项B中的","是联合运算符,是将多个引用合并为一个引用。

4.【答案】 B

【解析】 在Word 2003中,若要计算表格中某行数值的总和,可使用的统计函数是Sum。

5.【答案】 D

【解析】 所引用的单元格地址的列坐标和行坐标前面都有"＄"符号的是绝对引用,所引用的单元格地址的列坐标和行坐标前面都没有"＄"符号的是相对引用。

6.【答案】 B

【解析】 D2单元格的数值＝A2＋＄B＄1＋C2＝12。

7.【答案】 C

【解析】 跨工作表单元格引用是指引用同一工作簿里其他工作表中的单元格,又称三维引用,需要按照以下格式进行跨表引用:工作表名!数据源所在单元格地址。

8.【答案】 A

【解析】 if函数的格式是IF(条件表达式,表达式为真时执行,表达式为假时执行)。

9.【答案】 B

【解析】 Max(10,Sum(3,Min(5,9),1))＝Max(10,Sum(3,5,1))＝Max(10,9)＝10。

10.【答案】 D

【解析】 COUNTIF主要功能是统计某个单元格区域中符合指定条件的单元格数。

11.【答案】 C

【解析】 MID函数用于返回文本字符串中从指定位置开始的指定数目的字符;MAX函数用于返回数值参数中的最大值;SUM函数用于计算单元格区域中所有数值的和;LEN函数用于返回文本字符串中的字符数。

12.【答案】 D

【解析】 函数AVERAGE（A1：A2)用于计算单元格区域A1～A2中所有数值的平均值。

13.【答案】 B

【解析】 PMT是年金函数。

二、多项选择题

1.【答案】 ABCD

【解析】 在Excel中,公式是由运算符、常量、单元格地址、函数和括号等组成的。输入公式时必须以"＝"开头。

2.【答案】 BCD

【解析】 Excel的引用类型有相对引用、绝对引用和混合引用三种,没有直接引用这种类型。

3.【答案】 ABD

【解析】 编辑菜单中无"求和"公式操作。

4.【答案】 ACD

【解析】 公式SUM(B1:B4)计算的是B1、B2、B3、B4单元格的和。

5.【答案】 ABCD

【解析】 LEN、RIGHT、MID、LEFT都属于Excel的文本函数。

三、判断题

1.【答案】 √

【解析】 公式必须由"＝"开头,后面接公式内容。

2.【答案】 ×

【解析】 一个函数名后面必须跟一对圆括弧,函数参数可以没有。

3.【答案】 ×

【解析】 在Excel中,手动输入公式时如有小圆括号,应注意其位置是否适当,左括号需要与右括号相匹配。

4.【答案】 √

【解析】 Max是Excel提供的一种函数,可求最大值。

5.【答案】 ×

【解析】 NOW( )函数可以返回系统当前的日期和时间。

6.【答案】 √

【解析】 在Excel中,单元格的引用分为相对引用、绝对引用和混合引用。

7.【答案】 ×

【解析】 Excel默认使用的单元格引用是相对引用。

8.【答案】 ×

【解析】 绝对引用的单元格,粘贴到不同的单元格时,公式的值不变。

9.【答案】 ×

【解析】 在绝对引用中,所引用的单元格地址的列坐标和行坐标分别加入标示符号"＄",比如C1＝＄A＄1＋＄B＄1,其中＄A＄1、＄B＄1为绝对引用。

10.【答案】 √

【解析】 跨工作表单元格引用时,必须加上工作表名和"!"号。

11.【答案】 ×

【解析】 SUM函数和SUMIF函数功能不一样。SUM函数用于计算单元格区域中所有数值的和;SUMIF函数用于对满足条件的单元格求和。

12.【答案】 √

【解析】 MID(A1,3,3)表示返回从第3个字符后的三个字符,所以 MID(A1,3,3)将显示"电算化"。

第四节　数据清单及其管理分析

一、单项选择题

1.【答案】 D

【解析】 数据的排序是指在数据清单中,针对某些列的数据,通过"数据"菜单或功能区中的排序命令来重新组织行的顺序。

2.【答案】 A

【解析】 高级筛选与自动筛选不同,它要求在数据清单以外的区域单独设置所需的筛选条件,且该条件区域与数据清单之间至少要空出一行或一列。

3.【答案】 C

【解析】 进行筛选不需要先进行排序工作,自动筛选不需要设置筛选条件,而高级筛选需要进行设置筛选条件。

4.【答案】 B

【解析】 图表不仅可以根据需要分别输入标题和各轴所代表的数据含义,而且可以适当调整大小及其位置。

5.【答案】 C

【解析】 选项A,柱形图反映一段时间内数据的变化或者不同项目之间的对比;选项B,条形图反映各个项目之间的比较情况;选项C,折线图按照相同的间隔反映数据的趋势;选项D,饼图反映组成数据系列的项目在项目总和中所占的比例。

二、多项选择题

1. 【答案】 CD

   【解析】 在Excel中,数据库是通过数据清单或列表来实现的。

2. 【答案】 ABCD

   【解析】 记录单又称数据记录单,是快速添加、查找、修改或删除数据清单中相关记录的对话框。

3. 【答案】 ABC

   【解析】 整个数据清单或所选定的数据区域将按主要关键字值的大小进行排序,如果指定次要关键字,则主要关键字相同的行再按次要关键字值的大小进行排序。

4. 【答案】 BC

   【解析】 高级筛选设置的筛选条件,几个条件在同一行上是"与"的关系,在不同行上是"或"的关系。

5. 【答案】 ABCD

   【解析】 数据透视表的布局框架由页字段、行字段、列字段和数据项等要素构成,可以通过需要选择不同的页字段、行字段、列字段,设计出不同结构的数据透视表。

6. 【答案】 ABCD

   【解析】 数据透视表的设置内容主要包括:重新设计版面布局、设置值的汇总依据、设置值的显示方式、进行数据的筛选、设定报表样式。

7. 【答案】 ABCD

   【解析】 数据透视表中值的汇总依据有求和、计数、平均值、最大值、最小值、乘积、数值计数、标准偏差、总体偏差、方差和总体方差。

三、判断题

1. 【答案】 √

   【解析】 在Excel中,数据清单是一种包含一行列标题和多行数据且每行同列数据的类型和格式完全相同的Excel工作表。

2. 【答案】 √

   【解析】 本题描述的是记录单的含义。

3. 【答案】 √

   【解析】 自定义筛选后,只显示符合条件的记录,并不改变原有记录。

4. 【答案】 ×

   【解析】 在Excel中,自动筛选和高级筛选都可以有多个条件。

5. 【答案】 √

   【解析】 进行分类汇总时先执行排序工作。

6. 【答案】 √

【解析】 本题描述的是数据的分类汇总的含义。

7.【答案】 √

【解析】 在 Excel 2007(或 Excel 2013)中,图表制作完成后,可通过"更改图表类型"命令实现。

8.【答案】 √

【解析】 在 Excel 中,工作表中的数据以图表的形式表示是为了便于对数据进行快速的分析比较。

【本章习题必练】答案及解析

一、单项选择题

1.【答案】 B

【解析】 Excel 2003 的扩展名为". xls",Excel 2007 和 Excel 2013 的扩展名为". xlsx"。

2.【答案】 B

【解析】 在 Excel 2003 中,建立新的工作簿,默认的是一个工作簿里有三张工作表,分别是 sheet1/sheet2/sheet3,第一张工作表是 sheet1。

3.【答案】 B

【解析】 文件菜单中选取的"保存"命令,是保存当前的工作簿。

4.【答案】 C

【解析】 在 Excel 2003 中,系统默认列宽是一致的,是一个固定值,根据需要可调整为合适的宽度。

5.【答案】 A

【解析】 如果输入的文本全部由数字组成,为了避免被 Excel 误认为是数值型数据,应在输入时先输入英文状态的单引号,再输入数字,以区别数值型数据和数值组成的文本型数据。

6.【答案】 C

【解析】 在 Excel 中,负数的"—"号必须有,用圆括号括起来的数也代表负数,例如"—100"和"(100)"都表示"—100"。

7.【答案】 D

【解析】 选定单元格区域,在当前活动单元格或者对应的编辑栏中录入所需的数字或文本,通过组合键"Ctrl"+"Enter"确认录入的内容。

8.【答案】 B

【解析】 公式中运算符的顺序从高到低依次为:引用运算符优先级——冒号、空格、逗号，算术运算符优先级——负数、百分比、乘方、乘除、加减，连接运算符优先级——和号"&"，比较运算符优先级——等于、大于和小于、大于等于、小于等于、不等于。

9. 【答案】 B

【解析】 文本运算符主要是指与号"&"，使用该运算符可以连接一个或更多文本字符串以产生一串文本。

10. 【答案】 B

【解析】 在Excel中，将A9复制到B11，行加2，列加1，则SUM(A1:A8)相对地址变为B3:B10。

11. 【答案】 B

【解析】 AVERAGEIF函数用于返回某个区域内满足给定条件的所有单元格的算术平均值。Excel 2003中没有该函数，Excel 2007以上的软件中含有该函数。

12. 【答案】 B

【解析】 通过筛选数据清单，可以只显示满足条件的数据行，隐藏其他行。执行自动筛选后，在清单上的"字段名"右下角出现一个自动筛选箭头。

13. 【答案】 D

【解析】 创建图表时，第一步是先选定生成图表的数据区域。

二、多项选择题

1. 【答案】 AB

【解析】 在Excel 2003中，每个工作簿默认含有三张工作表，每张工作表由65 536行和256列组成；工作表是工作簿的一部分，不能单独存储。

2. 【答案】 AB

【解析】 选项D，是选定工作表，并且可以同时选定其他工作表或文件。

3. 【答案】 ACD

【解析】 直接单击单元格，并输入数据，按下"Enter"或"Tab"键或用鼠标单击其他单元格，确定输入。

4. 【答案】 CD

【解析】 在Excel中，复制单元格格式可采用"复制"+"选择性粘贴"或"格式刷"工具的操作方法。

5. 【答案】 BC

【解析】 常用的单元格引用分为相对引用、绝对引用和混合引用三种。选项A，是相对引用，选项D，是混合引用。

6. 【答案】 ABC

【解析】 选项D中单元格不需要用双引号。

7.【答案】 ABCD

【解析】 四个选项的表述都正确。

8.【答案】 ABCD

【解析】 数据透视表有机地综合了数据、筛选、分类汇总等数据分析的优点,可方便地调整分类汇总的方式,灵活地以多种不同方式展示数据的特征。

三、判断题

1.【答案】 √

【解析】 一个Excel 2013工作簿中可以包含1~255个工作表。

2.【答案】 ×

【解析】 退出Excel软件通常可以采用下列三种方法来进行,如果退出前有编辑的内容未被保存,将出现提示是否保存的对话框:点击标题栏最右边的关闭按钮;点击"关闭窗口"或"关闭所有窗口"命令;按击快捷键"Alt"+"F4"。

3.【答案】 ×

【解析】 在Excel中,默认方式下,数值型数据在单元格内靠右对齐,文本型数据在单元格内靠左对齐。

4.【答案】 √

【解析】 复制单元格,包括单元格的内容和格式。

5.【答案】 √

【解析】 Excel文件可通过"另存为"对话框中的"常规选项"中的"保存选项"对话框进行加密。

6.【答案】 ×

【解析】 公式是指由等号"=" 、运算体和运算符在单元格中按特定顺序连接而成的运算表达式。在Excel中,公式总是以等号"="开始,以运算体结束,相邻的两个运算体之间必须使用能够正确表达两者运算关系的运算符进行连接,应在单元格中输入"=SUM(B1:B4)"。

7.【答案】 ×

【解析】 相对引用的单元格,粘贴到不同的单元时,引用会自动调整。

8.【答案】 ×

【解析】 本题所属内容是LOOKUP函数的概念,MATCH函数用于在单元格区域中搜索指定项,然后返回该项在单元格区域中的相对位置。

9.【答案】 ×

【解析】 在Excel工作表中,可以根据用户需要去确定多个排序参照的关键字。

10.【答案】 ×

【解析】 图表可以引用其他工作表中的数据,单独存放。

四、实务操作题

1.【答案】 选择A1单元格,拖动鼠标选中A2:C3区域,在A1单元格输入"9",同时按"Ctrl"键和"Enter"键。

2.【答案】 选择A1单元格,按住"Ctrl"键,选中B2和C3单元格,在C3单元格输入"9",同时按"Ctrl"键和"Enter"键。

3.【答案】 选择A1单元格,输入"1/5",点击B1单元格,输入"1/10",拖动鼠标同时选中A1和B1单元格,点击B1单元格右下角的填充柄,拖动鼠标至D1单元格松开,在D1单元格右下角点击"自动填充选项"按钮,默认"以序列方式填充"或选择"以天数填充"。

4.【答案】 方法一:选择D1单元格,直接输入"=A1+B1+C1",按回车键;方法二:选择D1单元格,在其对应的编辑栏中输入"=A1+B1+C1",按回车键;方法三:选择D1单元格,点击"插入"菜单下的"函数"命令或点击"插入函数"工具,打开"插入函数"窗口,选择函数"SUM",点击"确定"按钮,进入"函数参数"窗口,利用鼠标拖动选中A1~C1单元格,点击"确定"按钮。

5.【答案】 选择G2单元格,直接输入"=E2+F2",按回车键;选择G2单元格,点击G2单元格右下角的填充柄,拖动鼠标至G3单元格松开。

6.【答案】 选择C2单元格,直接输入"=B2*\$D\$1",按回车键;把C2单元格的公式复制到单元格C3中。

7.【答案】 选择F2单元格,直接输入或利用插入函数功能输入公式"=SLN(C2,D2,E2)"。

8.【答案】 选择G2单元格,直接输入或利用插入函数功能输入公式"=DDB(C2,D2,E2,F2)"。

9.【答案】 选择G2单元格,直接输入或利用插入函数功能输入公式"=SYD(C2,D2,E2,F2)"。

10.【答案】 在第一行单元格中录入有关文字项目,选中A1~F1单元格,点击"数据"菜单下的"记录单"命令,输入人员编码"101",人员姓名"张涛",所属部门"行政部",人员类别"后勤人员",基本工资"4 000",奖金"200",点击"新建"按钮。参照上述操作方法完成其他记录单的录入。

11.【答案】 选择工资表中任一单元格,点击"数据"菜单下的"排序"命令,打开"排序"对话框,"主要关键字"选择"应发合计""降序",点击"确定"按钮。

12.【答案】 选择工资表中任一单元格,点击"数据"菜单下的"排序"命令,打开"排序"对话框,"主要关键字"选择"人员类别""降序",点击"确定"按钮;点击"数据"菜单下的"分类汇总"命令,打开"分类汇总"对话框,设置分类字段为"人员类别",汇总方式为"平均值",选定汇总项"应发合计",点击"确定"按钮。

参 考 文 献

[1] 毛华扬,李帅. 会计电算化——基于 T3 用友通标准版(第二版)[M]. 北京:中国人民出版社,2017.
[2] 何荣华. 会计电算化[M]. 北京:中国财政经济出版社,2016.
[3] 东奥会计在线. 会计电算化[M]. 北京:北京大学出版社,2016.
[4] 财政部. 财办会[2016]34 号. 2016(8).